Dello stesso autore
nella collezione Oscar

LUCIANO DE CRESCENZO

ZIO CARDELLINO

OSCAR MONDADORI

© 1981 Arnoldo Mondadori Editore S.p.A., Milano

I edizione Biblioteca Umoristica Mondadori aprile 1981
I edizione Oscar narrativa febbraio 1984

ISBN 88-04-37022-X

Questo volume è stato stampato
presso Mondadori Printing S.p.A.
Stabilimento NSM - Cles (TN)
Stampato in Italia. Printed in Italy

Ristampe:

15   16   17   18   19   20   21   22

2001   2002   2003   2004

La prima edizione Bestsellers Oscar Mondadori
è stata pubblicata in concomitanza
con la settima ristampa
di questo volume

http://www.mondadori.com/libri

Zio Cardellino

Prefazione

Lo spunto per Zio Cardellino lo devo a Nino Manfredi: era l'estate del '77 e si lavorava tutti insieme, io lui ed Elvio Porta, alla sceneggiatura del film *La Mazzetta*, tratta dal libro di Attilio Veraldi. Fu durante un pomeriggio d'agosto, a Scauri, che Nino, durante una pausa di lavoro, si alzò in piedi e disse: « Vorrei tanto fare un film in cui il protagonista si trasformasse pian piano in uccello fino a perdere completamente l'uso della parola ». Detto questo, si esibì, a esclusivo beneficio mio e di Elvio Porta, nella eccezionale interpretazione dell'uomo-uccello che sta per prendere il volo.

L'idea mi conquistò subito: ne parlammo a lungo e, come sempre accade nell'ambiente del cinema, quella sera stessa si decise che il prossimo film di Nino Manfredi sarebbe stato *L'Uccello*. Poi, come altrettanto spesso succede in questo strano mondo di facili entusiasmi, non se ne fece niente: Nino fu preso da altri impegni e io ritornai, mestamente, a lavorare in ufficio. In quel periodo, infatti, ero ancora alle dipendenze IBM, e solo approfittando di un lungo periodo di ferie arretrate ero riuscito a portare a termine la sceneggiatura della *Mazzetta*.

L'uomo-uccello però non mi aveva lasciato del tutto, anzi, diciamo pure che si era installato nei miei pensieri e mi costringeva a guardare il mondo circostante da almeno tre metri di altezza, né più né meno che se fossi diventato veramente un passero e vivessi acquattato tra i rami di un albero. In ufficio, per esempio, accadeva che durante le riunioni io mi trasferissi col pensiero sulla cornice di qualche quadro appeso alla parete e che di lì continuassi ad ascoltare il suono, e non il significato, delle parole che venivano dette. Nel frattempo la mia mente aveva il tempo di tuffarsi tra i ricordi della giovinezza: il liceo Jacopo Sannazzaro, gli amici, il professore di latino e greco, il primo amore e così via. Una volta provai anche a immaginare quali sarebbero state le reazioni dei colleghi e del mio capo se, durante la riunione, mi fossi staccato dalla cornice e mi fossi messo a svolazzare sulle loro teste, come fanno i mosconi d'estate, per poi imboccare la finestra e perdermi tra le nuvole. Insomma, ero maturo per cambiare lavoro: di lì a poco, infatti, avrei presentato le mie dimissioni.

Che *Zio Cardellino* sia un libro autobiografico, potrebbe pure essere, se non altro per rispetto alla legge di Flaubert che vuole autobiografica qualsiasi storia si scriva; tuttavia, io stesso, rileggendo le bozze, non ho ancora capito se si tratta dell'ennesima favola dopo le *Metamorfosi* di Ovidio, o della storia di un uomo che diventa pazzo, o, semplicemente, del racconto della mia vita trascritto in forma surreale. In quest'ultimo caso, non sono identificabili: né la moglie del protagonista, del tutto diversa dalla mia ex moglie, né l'ambiente di lavoro, la IBM ITALIA, che, pur essendo il luogo dove ho lavorato per circa venti anni, nel romanzo sta solo a rappresentare una qualsiasi grande società nazionale o multinazionale. In pratica queste aziende si assomigliano tutte: l'ufficio, le segretarie, il capo, la mensa, la carriera, le riunioni, sono tutti elementi fissi di un copione immutabile. È inutile che i miei ex colleghi si scervellino per scoprire chi si cela dietro i nomi di Bergami e di Livarotti. Mi dispiace deluderli: Bergami e Livarot-

8

ti sono due entità universali (come le Idee di Platone) concepite per sostenere, rispettivamente, il ruolo di dirigente-carogna e di dirigente-poverocristo.

Resta da capire se *Zio Cardellino* sia anche un romanzo umoristico, e qui entriamo nel difficile. « Che cosa è l'Umorismo » è la prima domanda che mi viene posta in ogni intervista. Achille Campanile se la sbrigava rispondendo: « Non lo so ». La maggior parte dei lettori, invece, pensa che si tratti di roba da ridere, per altri, pochissimi, è solo un modo di raccontare. Con i primi mi scuso: il mio non è un racconto comico, di risate ce ne sono poche e non mi è riuscito nemmeno il lieto fine. Con i secondi vado più d'accordo: per quanto mi riguarda, la parola « umoristico » è un aggettivo che riflette solo la forma e non il contenuto di uno scritto. Nego quindi l'esistenza di un genere umoristico, così come invece si può parlare di genere « giallo » e di romanzi « rosa ». Tanto per fare qualche nome al di sopra di ogni sospetto, Bertrand Russell, Einstein e Gogol erano grandi umoristi e non per questo cessavano di essere filosofi, scienziati o scrittori. E poi, chi ha detto che ridere sia divertente? Io, per esempio, mi diverto molto di più quando mi commuovo.

L. D. C.

Ma guarda chi si rivede: Granelli, corso vendite IBM
febbraio '61, senese, compagno di camera e di banco.
Non era cambiato per niente, anzi, aveva pure lo stesso
vestito, quello blu scuro col righino bianco. No, questo
era impossibile: probabilmente Granelli era uno di quelli
che quando vanno in negozio finiscono con lo scegliere sempre lo stesso modello.

« Come va? » disse Granelli. « Benvenuto a Palazzo. »

« Grazie » rispose Luca. « Ma lo sai che nemmeno lo
sapevo che lavoravi pure tu in sede? »

« Io in sede?! Caro Perrella, io ci sono nato in questo
edificio. Non fo per dire, ma se non fosse per me la pre-
giata ditta IBM ITALIA sarebbe già finita a puttane. Ricordati che il sottoscritto guarda, sorveglia, scruta, e, senza che nessuno se ne accorga, alla fine decide. Per cui,
se nei tuoi desideri c'è anche quello di fare una rapida
e brillante carriera, soltanto un consiglio ti posso dare: resta sempre amico del qui presente ingegner Granelli. »

Sempre lui, il vecchio Granelli. Luca non aveva fatto
neanche in tempo a dire buongiorno che già si era proposto come protettore ufficiale.

« Ti ringrazio, » disse Luca « però, a dir la verità, non è
che io abbia tanta voglia di far carriera. »

« Ohi, ohi, Perrella, e come cominci male! Articolo uno:

al Palazzo puoi fare tutto quello che vuoi, puoi lavorare e far finta di lavorare, puoi lisciare la Direzione Generale e la puoi accusare di sfruttamento della classe operaia, una sola cosa ti viene proibita ed è quella di dire a voce alta che non hai intenzione di far carriera. »

« Grazie a Dio, non tutti gli uomini sono uguali: ci sono anche quelli che non sono ambiziosi. »

« Gli uomini IBM lo sono sempre. Ricordati che gli *IBM-men* devono essere alti, magri, vestiti di scuro e pieni di voglia di far carriera. Te devi far carriera, devi diventare più alto, più magro, altrimenti si offende la ditta e, soprattutto, non puoi venire in ufficio in scarpe da week-end con le suole di gomma. »

« D'accordo, però fai l'ipotesi di uno a cui la carriera non sembri tanto importante: gli altri, gli arrivisti, dovrebbero essere contenti, se non altro perché hanno un avversario di meno. »

« Per niente! Il potere piace proprio perché suscita invidia. Se quelli che stanno sotto la smettono d'invidiare, me lo dici che divertimento ci sarebbe ad avere il potere? Le regole vanno rispettate: chi sta sopra deve godere e chi sta sotto deve patire. Te, Perrella, giurami che non dirai più simili bischerate, anzi, ogni tanto ricordati di andare dal tuo capo a lamentarti che non stai facendo carriera. A proposito, è vero che sei stato nominato Direttore DP? »

« Sì, il mese scorso. »

« Infatti, devo averlo letto da qualche parte... però, aspetta... non vedo la pianta, » disse Granelli guardandosi intorno « e non vedo nemmeno la caraffa con i due bicchieri. »

« La caraffa? »

« Benedetto Iddio, Perrella! » esclamò Granelli alzando gli occhi al cielo in segno di sconforto. « Voi delle filiali quando arrivate in sede mi sembrate scesi dal monte Amiata. Fammi un piacere, svegliati, e per evitare che io parli a vuoto, cerca di prendere degli appunti. Ogni Direttore, di livello 59 o 60, ha diritto ad avere una stanza di tre moduli con queste caratteristiche: finestra sul lato strada, pianta direzionale, moquette color testa di moro, scrivania di legno tipo noce, tre poltrone rosse di cui una con le rotelle, telefono abilitato per le intercomunali e munito di dispositivo 1 + 1, caraffa cromata con acqua minerale sempre fresca e un numero di bicchieri proporzionato al grado del Direttore. »

« E tu quanti bicchieri hai? »

« Dopo ne parliamo dei bicchieri, adesso risolviamo prima il problema della pianta. Dunque, per primo vai dal Mancinelli, vacci a nome mio e chiedigli una pianta da Direttore DP, alta almeno un metro e trenta da terra. Non ti far dare il filodendro che è una pianta da *receptionist*, buona soltanto per chi sta giù nella sala d'ingresso, e non ti far dare nemmeno il *ficus panduratum* che, corna corna, porta una jella da pisciarsi sotto: lo dettero a Marsigni e, pace all'anima sua, dopo neanche tre mesi eravamo tutti al suo trasporto. Prendi una sempreverde qualsiasi, ma con più foglie possibile. Ricordati del detto: "L'importanza si coglie contando le foglie". »

« E se invece di una pianta, chiedessi un poster con la veduta di un bosco? Più foglie di così! »

« Verresti subito declassato a segretaria. Metti anche qualche ninnolo di lenci sulla scrivania e dopo una settimana ti fanno battere a macchina la corrispondenza. No, caro mio, il tuo ufficio deve esprimere Efficienza e Potere. A proposito, attacca alle pareti delle tabelline statistiche e dei diagrammi colorati; e mi raccomando le sigle, fanno sempre effetto! Non ti preoccupare se non hanno significato: nessuno avrà mai il coraggio di confessare che non le capisce. E passiamo alle caraffe: dunque, ogni 59 ha diritto ad avere sull'apposito mobiletto un thermos cromato con due bicchieri di mezzo cristallo. Nel passaggio da 59 a 60 i bicchieri diventano quattro. »

« Ma sul serio esiste qualcuno che ci tiene a queste cose? »

« Che, scherzi?! Gli status symbols rappresentano la struttura portante di tutta la politica motivazionale dell'azienda. Se non ci credi, prova a guardare il comportamento di tutti quelli che entrano in questa stanza nei prossimi giorni: per prima cosa butteranno un'occhiatina sul mobiletto. Motivo? Vogliono sapere con chi hanno a che fare. Dopo di che te diventerai, per loro, il dottor Perrella caraffa sì, il dottor Perrella caraffa no, il dottor Perrella due bicchieri o il dottor Perrella quattro bicchieri. »

« Ho paura che sarà difficile abituarmi a vivere in sede. »

« Certo che è difficile! Meno male che ci sono io qua ad aiutarti. Pensa che una volta gli istruttori dei corsi base, avendo saputo che in deposito c'erano centinaia di caraffe, ne chiesero una a testa. Dissero che loro parlavano per otto ore di seguito e che avevano la gola secca. Che balordi! Pensavano che in IBM fosse sufficiente aver sete per pretendere l'acqua minerale. Successe che proprio in quei giorni fosse andato in ferie Mancinelli e che uno dei suoi tirapiedi pensasse bene di accontentarli. Apriti cielo! Tutti i capi, appena videro le sacre caraffe messe in bella vista sulle scrivanie puzzolenti degli istruttori, s'incazzarono come jene e, diciamo la verità, non avevano tutti i torti: ma come, loro s'erano fatto un culo così per arrivare a livello 59 e ora quattro sbucciamele si permettevano d'infrangere regolamenti gerarchici che risalivano al tempo dei tempi! »

« E poi che successe? »

« Successe che nel giro di ventiquattro ore tutte le caraffe furono sostituite con volgari bottiglie di acqua minerale. Però la guerra dell'acqua non era ancora finita· la Direzione Vendite, visto il fascino esercitato da quelle strabenedette caraffe, decise di metterne in palio una decina tra i migliori *salesmen* dell'anno. E così oggi in IBM ci sono almeno dodici persone che, pur non essendo capi, ostentano nei loro uffici la caraffa cromata. Attento però che anche per questi ci fu una piccola delusione: i disgraziati, avendo vinto la caraffa, pensavano in buona fede di aver ricevuto contemporaneamente anche l'acqua minerale. Niente di più sbagliato: non essendo inclusi nella lista DAD, Distribuzione Acqua Direttori, gli addetti agli approvvigionamenti giustamente ne ignorano l'esistenza. Ecco perché ogni tanto, la mattina, si vede qualcuno entrare in ufficio con una bottiglia d'acqua minerale nascosta dentro al "Corriere della Sera": si autoapprovvigiona. Ricapitolando, oggi alla IBM ITALIA ci sono cinque categorie di persone: quelli che hanno la caraffa e quattro bicchieri, quelli che hanno la caraffa e due bicchieri, quelli che hanno la caraffa e non hanno l'acqua, quelli che hanno l'acqua e non hanno la caraffa e quelli che non hanno niente e che quando hanno sete vanno al cesso e per questo si sentono frustrati. »

« Forse sarebbe stato più pratico adottare le divise con i gradi sul braccio. »

« Sì, va bene, te adesso parli così perché sei ancora fresco di sede; ti voglio vedere da qui a un mese se non stai incollato anche te col viso ai *bollettin bords* a controllare le promozioni di tutti i colleghi. Caro Perrella, che vuoi che ti dica: "Benvenuto nella Grande Famiglia!". »

« Benvenuto nella Grande Famiglia » fece immediatamente eco una voce al di là della porta dell'ufficio.

I due amici si alzarono in piedi per salutare il nuovo venuto, l'ingegner Livarotti, loro capo comune.

« Allora, dottor Perrella, contento di essere in sede? » chiese Livarotti esibendosi nel suo proverbiale « sorriso del benvenuto ».

« Sì, grazie ingegnere. »

« Vedo però... che il suo ufficio non è ancora in ordine » esclamò Livarotti guardandosi intorno. « Ingegner Granelli, per favore, accompagni il dottor Perrella da Mancinelli e faccia in modo che l'ufficio sia reso funzionante al più presto. Ci vada a nome mio. Lei, dottor Perrella, venga per cortesia nel mio ufficio. Ha conosciuto la signorina Cusani, la nostra segretaria? Signorina Cusani... signorina Cusani... eccola qua. Signorina Cusani, le presento un nuovo collaboratore, il dottor Perrella. Il dottor Perrella prende il posto dell'ingegner Rossini. Signorina Cusani, per favore, telefoni a Mancinelli e gli dica da parte mia che l'ufficio del dottor Perrella è in condizioni pietose. Io non capisco perché, dal momento che tutti sapevano che Perrella sarebbe arrivato oggi, non si sia provveduto a fargli trovare l'ufficio in perfetto ordine. Debbo essere sempre io a ricordarmi di tutto! Caro Perrella, noi qui siamo come una Grande Famiglia, lei questo lo avrà già capito. Dopo però mi faccia la cortesia di venire nel mio ufficio, perché le debbo parlare. »

II

Luca Perrella rimase in ufficio fino a tardi. Quando alle sei vennero quelli delle pulizie con gli aspirapolvere, fu costretto a togliersi dai piedi: scese al bar di fronte (il tempo per prendere un caffè e osservare tre o quattro partite di un ragazzo che giocava a flipper) e dopo mezz'ora salì di nuovo in ufficio. Aprì la finestra, accostò la poltrona a rotelle al davanzale e rimase lì, immobile, a guardare la strada, senza nemmeno accendere la luce.

Milano quel giorno era stata bellissima. È incredibile come Milano, certe volte, sappia diventare bella a primavera! Era bastato un pizzico di vento e, come per incanto, a nord erano spuntate le montagne ancora spruzzate di neve. Lui l'aveva sempre detto: per garantirsi il cielo azzurro, i milanesi avrebbero dovuto costruirsi un ventilatore gigante tra Monza e Sesto San Giovanni, dieci volte più alto della Torre Eiffel. Chissà poi, però, che cosa sarebbe accaduto al carattere dei milanesi? Magari avrebbero perso tutti la voglia di lavorare e l'Italia sarebbe sprofondata nella più nera delle crisi economiche, finché un gruppo di romani, mossi dalla disperazione, sarebbe salito a Milano per distruggere il ventilatore.

Luca andò col pensiero al giorno del suo matrimonio: ricordò un'aria grigia, bagnata, come se una nuvola, improvvisamente, fosse precipitata al suolo. Forse, se quel giorno di sette anni fa il cielo fosse stato azzurro, lui non si sarebbe mai sposato. È facile che un meridionale si decida al matrimonio solo perché non ce la fa più a vivere nel grigio e a mangiare nelle tavole calde. Erano stati terribili i primi giorni a Milano! Appena arrivato finì in una pensione un po' fuori mano, in fondo a viale Marche. Arrivò di sera, disfece le valigie e, malgrado fosse tardi, se ne uscì di nuovo in cerca di un ristorante. Poco pratico com'era, preferì non prendere la macchina e avviarsi a piedi lungo la strada. Senonché, piano piano, quasi a tradimento, cominciò a calare la nebbia. Rinunziò subito al ristorante e si rifugiò in un bar: prese una birra e due tramezzini. Quando uscì si accorse che la nebbia era diventata ancora più fitta. Sentì la voce di un napoletano che diceva: *Comm'a cchesta sera nun l'aggio visto maie!* Forse sarà stata l'emozione della prima nebbia, certo è che non gli riuscì più di ricordarsi se in quel bar c'era entrato venendo da destra o da sinistra. Rientrò e chiese al barista se sapeva dove fosse la pensione America. Il barista rispose che lui era di Bari, che stava a Milano da soli due mesi e che quell'America lì non l'aveva mai sentita nominare. Uscì e prese una direzione a caso. Camminò, chissà per quanto tempo, tastando con le mani i muri delle case e fermandosi a ogni portone, sempre nella speranza d'incocciare la sua fantomatica America. Niente da fare: nessuno a cui chiedere. In certi quartieri, dopo le dieci di sera, Milano diventa una città senza abitanti. Le uniche cose in movimento erano i fari delle auto che apparivano e sparivano nella nebbia. Quelle auto, per Luca, erano tutte senza guidatore. Forse non erano nemmeno delle auto, ma solo delle luci messe lì apposta per lui, per aumentare la drammaticità della scena. Si sedette sui gradini di un palazzo nella vana attesa che si alzasse la nebbia. Quella notte dormì in un altro albergo, un albergo trovato per caso nel suo girare disperato. Il giorno successivo lasciò la pensione America senza averci dormito mai, nemmeno una notte.

Passarono i mesi e cominciò ad ambientarsi: trovò un residence dalle parti di corso Buenos Aires. Venticinque metri quadri di soggiorno che ogni sera, con un po' di buona volontà, si trasformavano in una grande camera da letto. Centocinquantamila al mese incluso il servizio più gli *optionals*, ovvero biancheria, telefono, televisore e così via.

Il suo vero problema era la cena: cucinare non sapeva e non aveva neppure amici con cui andare al ristorante. Cominciò col frequentare una tavola calda in viale Tunisia. Si metteva col vassoio in finto legno tra le mani e faceva la fila: prima le posate, attenzione a non dimenticare il bicchiere, poi il primo, il secondo, la frutta e qualche volta il budino; l'ultima tappa era quella delle bevande, poi la cassa e, finalmente, la ricerca del posto a sedere. Finì col sedersi sempre allo stesso posto: un posto d'angolo con un muro di fronte, e fu proprio su questo muro che venne fuori la macchia, una piccola macchia, qualcosa come due ali, una più lunga e una più corta, in pratica due ali viste in prospettiva. Non è che il significato della macchia gli fosse stato chiaro fin dal primo momento, anzi diciamo che la « cosa » prese forma solo dopo qualche settimana di pranzi consumati sempre allo stesso posto. Certamente si trattava di due ali, una più lunga e una più corta, due ali di un uccello grande, abituato a volare da solo. Non si ha idea di quante volte fu costretto ad aspettare che si liberasse il suo angolino preferito. In questi casi, per prendere tempo, fingeva di guardare gli antipasti, poi usciva per strada, poi entrava di nuovo a controllare a che punto stava il cliente seduto al suo posto, finché, con un balzo felino, non riusciva a occupare lo sgabello in questione. Una volta Mario, l'inserviente incaricato di portar via i piatti sporchi, glielo fece notare:

« Lei, dottore, si mette sempre in quell'angolo lì. »

E lui divenne tutto rosso, come se gli avessero scoperto chissà quale segreto, un segreto di cui si sarebbe dovuto vergognare.

Tra nebbie e tavole calde divenne ben presto maturo per il matrimonio: una sera una festa in casa di un collega di ufficio, una presentazione, un piacere Perrella piacere Caraccioli, e dopo due mesi eccolo lì: bello e sposato. Non era stato un colpo di fulmine, diciamo piuttosto che era stato un colpo di solitudine, una botta più forte delle altre.

Per i primi tre anni non andò più a mangiare in nessuna tavola calda, poi un giorno, era con degli amici, capitò di nuovo in viale Tunisia. Dette uno sguardo al suo angolino e vide che la macchia era ancora lì. Da quella volta ricominciò a frequentare la tavola calda, finché una sera, appena tornato dalle ferie, trovò il locale completamente rinnovato: le pareti erano state ricoperte da un orribile parato di finti mattoni.

« Dottore, le piace il nostro stile rustico? Dica la verità: non le sembra di stare in campagna? A settembre arriveranno anche i mobili spagnoli. »

Per sua fortuna, dopo qualche mese, la macchia ricomparve sul soffitto della camera da letto: dai tempi della tavola calda era ancora cresciuta. Le ali si aprivano quasi a centottanta gradi e sembravano quelle di un gabbiano che sta planando lentamente sul mare. In genere la mattina, Luca era sempre il primo a svegliarsi, ed era quello il solo momento della giornata in cui poteva, con tutta comodità, guardare la macchia senza il pericolo di dover fare conversazione con la moglie. A volte si riaddormentava e allora la macchia cominciava a battere le ali, prima piano, poi sempre più forte, sempre più forte, finché, dopo una decina di giri fatti intorno alle pareti della camera, eccola scendere in picchiata, imboccare il vano della finestra e sparire in un cielo scuro, coperto di nuvole.

La macchia fu il primo dei segni premonitori di quello che poi gli sarebbe dovuto accadere. Altri segni li ebbe dall'accentuazione di certe sue scelte di gusto: la predilezione per alcuni colori, in particolare il verde e l'azzurro, e l'odio per il nero, il grigio e per tutto quello che in qualche modo potesse essere definito una figura geometrica. Per esempio aveva una repulsione per le linee parallele; quasi un rigetto di razionalità, un rifiuto del suo tipo di lavoro. Poi un desiderio di spazio, di luce, di mare, di musica.

Un anno prima, razzolando tra le bancarelle della fiera di Senigallia, aveva trovato una piccola riproduzione su rame della *Primavera* del Botticelli. Si trattava solo di un particolare: il viso della ninfa Simonetta, quella con il vestito trapunto di foglie. Un viso stranissimo, sensuale, giovane, eppure triste. Sotto la riproduzione erano incisi i primi due versi di una ballata del Poliziano

Io mi trovai, fanciulle, un bel mattino
di mezzo maggio, in un verde giardino.

Da quel giorno decise di portare sempre con sé quel rettangolino di rame nella tasca interna della giacca. Il perché vallo a capire! Forse perché gli erano piaciuti i versi, o forse perché il nome Simonetta gli ricordava una ragazzina conosciuta tanti anni prima, quando era ancora un giovanotto di belle speranze e stava al liceo. Simonetta, il giardino di Salvatore, un vestito celeste a quadrettini, un pacco di libri legati con una cinghia, il castagnaccio mangiato insieme a via Scarlatti, il primo bacio nel ripostiglio degli attrezzi di educazione fisica, una gita al mare nel mese di gennaio, una pietra conservata per anni come una reliquia...

« Scusi lei chi è? »
« Sono il dottòr Perrella, lavoro in questo ufficio. »

« Mi può mostrare il *badge* di riconoscimento? »

« Eccolo qui. »

« Dottore, lei sta al buio: c'è qualcosa che non va alle lampade? »

« No, in verità sono io che ho spento la luce. »

« Ha bisogno di qualcosa? »

« No, grazie, adesso vado via. »

III

Anche la mattina dopo era bel tempo. Appena uscito avvertì un brivido, un fremito a fior di pelle e poi una netta sensazione di leggerezza, come se pesasse di meno. Luca sapeva benissimo che la cosa, fisicamente, non era possibile, però la sensazione era stata proprio quella. Le aveva pensate tutte: che fosse merito delle scarpe con le suole di gomma, che durante la notte un miracolo lo avesse fatto tornare al suo peso di bambino, e addirittura che un'improvvisa accelerazione della rotazione terrestre avesse diminuito in tutto il mondo la forza di gravità. Insomma si era a tal punto suggestionato che, come vide una farmacia aperta, ci si precipitò dentro a pesarsi.

Trovò una di quelle bilance elettriche che per cento lire illuminano un piccolo riquadro con l'indicazione del peso. Ci montò su, mise una moneta e subito comparve la scritta: CHILI 36,200. C'era di che rimanere scioccati! Luca restò lì, imbambolato, a guardarsi i suoi 36 chili e duecento, finché la voce di una commessa non lo richiamò alla realtà.

« Signore, guardi che la bilancia è guasta. Non ha visto il cartello? »

« Come dice? Non funziona? »

« Certe volte funziona e certe volte no. »

Dopo la farmacia decise di proseguire a piedi fino all'ufficio, da via Mario Pagano a via Fara, meno di mezz'ora passando per il Parco. Sennonché, proprio l'attraversamento del Parco doveva diventare per lui l'esperienza più sconvolgente di quella mattina: Luca, tutto a un tratto, capì che la sua vera destinazione non era l'IBM ma il Parco. L'erba ancora umida della notte, i passerotti saltellanti, i viali deserti, tutto sembrava gridargli dietro: « Luca dove vai? Luca che diavolo di lavoro vai a fare? ». Ecco, quello era il punto: lui, in effetti, che lavoro faceva? Si era voluto laureare in chimica perché fin da ragazzo era rimasto affascinato dai primi esperimenti di laboratorio; in particolare era rimasto colpito dalle storie dei grandi alchimisti, la pietra filosofale, il Gerber, il Paracelso, il Basilio Valentino, i Rosa Croce. Poi, come spesso capita nella vita, una volta laureato, invece di dedicarsi alle ricerche di laboratorio, era finito alla IBM, prima come sistemista e poi come rappresentante di calcolatori elettronici.

Adesso, dopo quindici anni di trincea, era passato dalle vendite allo Staff. Era un direttore e aveva niente meno che sette dipendenti, pardon voleva dire collaboratori, tutta gente conosciuta il giorno prima. Sette facce di cui adesso non ricordava nemmeno un particolare o, per meglio dire, si ricordava solo di un certo Giannantonio, uno grosso, con le mani callose, che quando parlava si metteva sempre sull'attenti come sotto le armi. La prima cosa che questo Giannantonio gli aveva detto, è che era padre di cinque figli, che stava in IBM da venticinque anni, che non doveva preoccuparsi di niente perché lui sapeva tutto di tutti e che ci avrebbe pensato lui a farli lavorare quei sei lavativi. Giannantonio: praticamente un sergente di fanteria capitato chissà come alla IBM. Granelli lo aveva già messo in guardia: « Attento a Giannantonio, ché quello ti si vende per molto meno di trenta denari. Suo fratello è l'autista personale del vicedirettore generale, il dot tor Bergami. Non c'è nulla in questo ufficio che Bergami non venga a sapere nel giro di ventiquattro ore. Livarotti, se potesse, a Giannantonio l'avrebbe già bello e avvelenato; purtroppo non può e se lo deve tenere ».

Come arrivò in ufficio, la signorina Cusani gli sparò una mitragliata di notizie:

« Dottor Perrella buongiorno, le ricordo che alle 9.30 c'è riunione dall'ingegner Livarotti, che alle 11 c'è riunione con i Sistemi di Sicurezza nell'auletta al nono piano (quando la Cusani diceva "auletta" allargava la *e* in modo inverosimile), che martedì 10 le scade il termine per la presentazione delle Note Spese e che giovedì 12 alle 16 deve consegnare in bozza la Relazione Mensile. Ha bisogno di qualcosa? »

Se c'è una cosa che caratterizza Milano, oltre al Duomo e al panettone, è il dinamismo delle sue segretarie. La Cusani ne era addirittura il prototipo: asciutta nel fisico, capelli corti, scattante nei movimenti, veloce nel parlare, vestita con sobrietà praticamente maschile, batteva a macchina, parlava al telefono e rispondeva contemporaneamente a tutti quelli che andavano da lei. Dopo di che, con appena dieci minuti di toilette donne, alle 18 precise si trasformava nuovamente in essere umano di sesso femminile.

Luca memorizzò soltanto il primo degli impegni elencati dalla Cusani; quanto agli altri, pensò, avrebbe chiesto aiuto in seguito a Granelli. E infatti, ecco comparire Granelli, sorridente come al solito e più toscano che mai.

« Ciao Perrella, allora che ne dici della pianta che t'ho preso? È una *Syngonium podophillum*. Non t'impressionare se la vedi piccina: questa cresce. Non mi meraviglierei se da qui a un anno qualche pezzo grosso cercasse di portartela via. Ieri poi t'ho capito: se non me ne occupavo io della pianta, te dal Mancinelli non ci saresti mai andato. »

« Ti ringrazio, ma ti giuro che ti sbagli: a me le piante piacciono moltissimo. E poi, se ci pensi bene, sono le sole cose verdi che si vedono negli uffici. »

« Sì, però ora non t'incantare davanti alla pianta; tra poco c'è la riunione da Livarotti. Perrella mio, ricordati che il nostro capo è tanto una brava persona, ma come tutti i milanesi ha un grosso difetto: è fissato con la puntualità. Dice sempre che se il maresciallo Grouchy fosse stato puntuale, Napoleone non avrebbe mai perso a Waterloo. »

« E oggi che riunione c'è? »

« Questo non ha importanza: in sede le riunioni sono come le messe in un convento di frati, si fanno perché si devono fare. Dal punto di vista produttivo potrebbero essere considerate il più alto fenomeno di assenteismo, però qui si fanno lo stesso, rappresentano la "regola", l'obbedienza al Sistema. Il capo riunisce il gruppo e dichiara aperta la riunione, dopo di che uno dei partecipanti comincia la sua relazione. Per cinque minuti c'è la massima attenzione, poi, man mano che passa il tempo, c'è chi scarabocchia, chi guarda l'orologio e chi s'addormenta. La verità è che in genere dell'argomento del giorno non gliene importa niente a nessuno, a parte quelli che, ogni tanto, interrompono per mettersi in luce con il capo. »

« Ho capito, ma io oggi che debbo fare? »

« Te per il momento niente. Cerca soltanto di non addormentarti. Sai com'è: non sei ancora pratico e te ne faresti accorgere. Comunque, se proprio non ce la fai, la prossima volta comprati gli occhiali da sole, quelli con i vetri a specchio, come ce li ha Bandini. »

« Sì, però io a volte russo. »

« Più tardi Livarotti ti assegnerà delle relazioni da fare. In ogni caso non preoccuparti mai: niente di tutto quello che noi facciamo in sede può danneggiare le vendite. La IBM è organizzata a compartimenti stagni e le filiali, grazie a Dio, sono state messe al riparo dalle decisioni dello Staff. »

« E allora perché si fanno queste riunioni? »

« Perché servono alla coreografia del Potere. Il capo sta seduto al centro e occupa il posto che è sempre stato del Maestro; questo lo gratifica. E poi, te che ne sai: magari quel disgraziato a casa sua non conta una madonna e invece, lì in ufficio, può finalmente... »

A questo punto la conversazione fu interrotta dalla voce della signorina Cusani:

« Ingegner Granelli, dottor Perrella, incomincia la riunione! L'ingegner Livarotti vi attende. »

L'ufficio del capo era caratterizzato da una gigantesca pianta fra il cui fogliame lo stesso Livarotti era costretto ad aprirsi un varco ogni qual volta doveva raggiungere il suo posto dietro la scrivania. Per il resto, tutto secondo le regole: caraffa con quattro bicchieri (livello 60), foto dei figli sulla scrivania, attestato dei « VENTICINQUE ANNI DI IBM » alla parete, una coppa del Torneo Aziendale di Calcetto vinta dai collaboratori del Servizio Previsioni.

Mancavano le sedie. Perrella stava per uscire a procurarsene una, quando vide Giannantonio che, pur non essendo stato invitato alla riunione, aveva provveduto a portargli una poltroncina. Dopo qualche trambusto tutti presero posto.

« Chi manca? » chiese Livarotti

« L'ingegner Genovesi » rispose la Cusani.

« Lei lo ha avvertito? »

« Sì, però l'ingegner Genovesi abita a Como... »

« Questo non significa nulla! Se Genovesi vuole abitare a Como, fatti suoi. Niente però l'autorizza a venire in ritardo alle riunioni. Quando sono entrato io alla IBM, gli uffici erano in via Tolmezzo e io abitavo a Baggio... »

« ... e non avevo la macchina » sussurrò Granelli in un orecchio di Luca.

« ... e non avevo la macchina » precisò infatti Livarotti. « D'accordo, quelli erano altri tempi e oggi bisogna essere più tolleranti, però ricordatevi bene quello che vi dico: alla battaglia di Waterloo, se il maresciallo Grouchy fosse stato puntuale, Napoleone non sarebbe mai stato sconfitto! »

Quest'ultima frase Livarotti la pronunziò guardando in viso il dottor Perrella: chiaramente la citazione storica era dedicata al nuovo venuto. Granelli sottolineò l'evento facendo piedino sotto il tavolo.

« Intanto sono quasi le dieci e qui non abbiamo ancora cominciato a lavorare » borbottò Livarotti. « Vediamo un po' cosa c'è all'ordine del giorno... previsioni a 30, 60 e 90 giorni, relatore ingegner Salvetti. Benissimo: Salvetti, lei ha portato con sé i *flip chart*? Bravo, allora cominci senz'altro che qui non possiamo stare ai comodi dell'ingegner Genovesi. »

Salvetti si alzò e andò al cavalletto dove, precedentemente, aveva preparato tutti i fogli della sua relazione. Sul primo foglio era stata disegnata, a caratteri cubitali rossi e con bordature blu a rilievo, la scritta: PREVISIONI A TRENTA GIORNI. La distanza tra una lettera e l'altra si riduceva bruscamente tra le ultime lettere: evidentemente il disegnatore, verso la fine, si era reso conto che non ce la avrebbe fatta a stare nel foglio, il che, per uno che si presenta come esperto in previsioni, non era poi un bell'inizio. Comunque Salvetti non aveva ancora cominciato il suo intervento, quando si aprì la porta e comparve l'ingegner Genovesi, meglio noto come « maresciallo Grouchy ». Genovesi aveva la faccia avvilita di chi era stato coinvolto in chissà quali ingorghi di traffico. Livarotti fece finta di non vederlo, e solo quando Genovesi uscì di nuovo per procurarsi una sedia alzò gli occhi al cielo come a chiedere comprensione.

La voce dell'ingegner Salvetti era tragicamente monocorde e il contenuto della sua relazione quanto mai noioso. Tra l'altro Salvetti non si lasciava mai andare a commenti personali: si limitava a leggere i numeri elencati nelle tabelle, comprese le virgole e i decimali. Luca valutò con una certa approssimazione quanti fogli rimanessero da leggere e, dalla velocità di lettura di Salvetti, dedusse che il monologo numerico sarebbe durato almeno un'altra mezz'ora. Intanto il suo sguardo si era spinto fuori dalla finestra. Dal suo posto di osservazione, tra i minigrattacieli di via Fara e di via Pirelli, scorse un caseggiato vecchio e decrepito. I tetti bitorzoluti color ruggine, i comignoli con le coperture di ferro, le balconate che correvano lungo tutta la facciata interna, erano in netto contrasto con i vetri e gli infissi in alluminio degli edifici circostanti. Un gatto e un bambino giocavano lungo la balconata dell'ultimo piano.

« Distretto Nord, previsioni a 30, punti 625.000, probabilità media 64.3, previsioni a 60, punti 720.000, probabilità media 42.2, previsioni a 90, punti 960.000, probabilità media 33.3. Distretto Centro-Sud, previsioni a 30, punti 420.000... »

La voce di Salvetti aveva ormai perso qualsiasi connotazione umana: la si sarebbe potuta definire un rumore di fondo dell'ufficio di Livarotti. Che senso aveva per Luca rimanere chiuso lì dentro? E se adesso si fosse alzato e avesse detto: « Signori, chiedo scusa, ma vedo un gattino su quella balconata di fronte. Vado a giocare un po' e tra una mezz'oretta sono di ritorno: voi intanto finite la riunione ». Che avrebbe detto Livarotti? Luca si sarebbe scusato dicendo che quel gatto gliene ricordava un altro ricevuto in regalo quando aveva appena dodici anni: un piccolo gatto di colore giallino.

« *Large System* Distretto Nord, previsioni a 30, punti 395.000, probabilità media 68.5, previsioni a 60, punti 455.000, probabilità media 48.1, previsioni a 90 ... »

Numeri, numeri, sempre numeri! Luca li paragonò a certe pioggerelle milanesi, leggere come spessore ma quanto a durata, interminabili. Tutto questo però non turbava minimamente i suoi colleghi che, ormai impermeabilizzati, continuavano ad ascoltare la relazione Salvetti nella più assoluta indifferenza. Dio mio, pensò Luca, ma come si fa a resistere?! E se lui a un certo momento si fosse messo a svolazzare sulle loro teste e poi, dopo aver chiesto permesso, avesse imboccato la finestra per volarsene via, sarebbe successo qualcosa? Salvetti avrebbe cambiato tono di voce?

« E lei Perrella che ne pensa? » chiese Livarotti.
« Come? »
« Le chiedevo se trovava utile il raffronto mensile tra previsioni e consuntivi o se riteneva più significativa una comparazione bilanciata ogni sei mesi. »
« A dir la verità, » rispose Luca « solo ieri ho preso in carico questo lavoro e non ho ancora opinioni in merito. »
« È giusto » ammise Livarotti. « Comunque io le consiglio di dare uno sguardo a tutte le previsioni e ai risultati definitivi degli ultimi tre anni, in modo da farsi in breve tempo un'esperienza pratica. Anzi, già che c'è, potrebbe prepararmi una comparazione storica degli scostamenti degli ultimi tre anni divisi per filiale. »
« Senz'altro. »
« E quando pensa di poterla presentare? »

« Ma, non so... oggi è giovedì... diciamo che... *fiù fiù fiù fiù fiù... fuì fuì fuì fuììììì*... potrei ultimarla entro venerdì della prossima settimana. »

L'ingegner Livarotti, sentendo Luca cinguettare, lo guardò stupito. Tutti rimasero immobili, col fiato sospeso, in attesa della reazione del capo.

« Perrella, ma che fa? Fischia?! »

« Io... che cosa? »

« Lei si è messo a fischiare! »

« Io a fischiare? *Fiù fiù fiù fiù... fuì fuì fuì... fi fi fi fi fiùùù*... non mi sembra. »

« Dottor Perrella!!! »

« *Fiù fiù fiù fiù fiù... fuì fuì fuììììì*. »

« Perrella ma che fai? Sei diventato scemo?! » gli disse Granelli sottovoce. « Occhio che Livarotti s'incazza! »

« *Fiù fiù fiù fiù fiù... fuì fuì fuì... fi fi fi fi... fuìììììì*. »

IV

Tornato a casa, trovò le due sorelle Caraccioli impegnate in una furibonda lite per i soliti motivi d'interesse. Tutto questo aveva origine da una proprietà indivisa lasciata a suo tempo in eredità dal compianto ragioniere Ottavio Caraccioli, Cavaliere del Lavoro, e attualmente abitata da entrambe le sue figliole: donna Elisabetta Caraccioli in Perrella e donna Maricò Caraccioli in Del Sorbo. Detta proprietà consisteva in un vecchio appartamento di via Mario Pagano che, pur disponendo di ben otto stanze, non aveva che un unico luogo di decenza. Inoltre, essendo tale servizio ubicato proprio in fondo alla casa, ogni tentativo di dividere la stessa in due appartamenti autonomi era risultato infruttuoso.

Il copione che le due sorelle Caraccioli seguivano era sempre lo stesso, per cui il nostro Luca, niente affatto interessato alla disputa, pensò bene di dirigersi verso il soggiorno e di ascoltare un po' di musica. Inserì nel registratore la sua cassetta preferita, il *Concerto K467* di Mozart, si mise la cuffia e si sdraiò tranquillo sul divano. Dopo un paio di minuti un'espressione beata emanava dal suo volto. Intanto, intorno a lui, infuriava la battaglia:

« Tu ti devi decidere » urlava Maricò. « Se la casa è divisa a metà, allora devi anche pagare la metà di tutto: acqua, luce, gas, telefono e cameriera. »

« Ti piacerebbe, eh? » ghignava Elisabetta. « Però tu dimentichi che voi siete in quattro e noi siamo in due, e che quindi io debbo pagare solo due quote su sei. Domani vado alla SIP e faccio staccare il telefono. Tanto quello lo usate soltanto voi: tuo marito per combinare i suoi affarucci e tuo figlio per parlare di politica. Per quanto riguarda te poi, è meglio che mi sto zitta. »

« Senti chi parla! » ribatteva Maricò. « Ma se proprio ieri ti ho pescata che stavi parlando con quella mezza calzetta di Maria Rosaria! »

« Non ti permettere d'insultare Maria Rosaria, sai! È la mia più cara amica e comunque è sempre una laureata. »

« Sì, del rione Traiano. »

« E con questo? »

« E con questo niente; se Maria Rosaria abitasse a Milano non me ne fregherebbe niente. Contenta te! Il guaio è che abita a Napoli e che la bolletta a fine trimestre la pago pure io. »

« Va bene, allora togliamo il telefono. »

« Il telefono non si tocca: è intestato a mio marito! »

« E allora vuol dire che lo paga tuo marito. »

« E no, cocca mia, in questa casa si dividono tutte le spese, e se la cosa non ti conviene, te ne puoi pure andare, capito? »

In quel preciso momento entrò in scena anche il cognato: il signor Franco Del Sorbo, titolare dell'omonima ditta import-export.

« Senti Elisabetta, ragioniamo. Io una soluzione ce l'avrei: tu mi vendi la tua parte di casa, ti fai un po' di milioni e poi ti cerchi una bella casa per te e per Luca. D'altra parte te ne accorgi che così non si può più andare avanti. »

« E già, io allora secondo voi dovrei vendermi per quattro soldi la casa dove ho trascorso tutta la mia giovinezza » disse Elisabetta, incrinando la voce come se stesse lì lì per piangere

« Ma chi ti ha detto che si tratta di quattro soldi? » precisò spazientito Franco. « Certo, bisognerà tener conto che è sempre una casa insufficiente nei servizi igienici. »

« Ah, ho capito! » esclamò Elisabetta, facendo un sorrisetto ironico. « Tu adesso vuoi dire che è la mia parte di casa quella che non ha i servizi igienici, eh? Tu invece ce l'hai? »

« Non ho detto questo » protestò Franco, alzando la voce e diventando più rosso di quanto non lo fosse abitualmente. « Intendevo semplicemente dire che purtroppo è una casa senza i doppi servizi, porca miseria! »

In quel momento Luca si era tolta la cuffia e si era alzato per andare a girare la cassetta. Dette uno sguardo ai suoi familiari e disse:

« Rassegnamoci: siamo due famiglie unite dalla stessa colonna fecale! *ciù ciù ciù ciù... cìì cìì cìì cìì ciucì... ciucì.* »

Ma che lui avesse cinguettato nessuno se ne accorse.

« E perché non facciamo all'incontrario? Ve ne andate voi e lasciate a me la vostra mezza casa senza servizi igienici » gridò Elisabetta sbattendo un cuscino per terra.

« Perché se aspettiamo che tuo marito faccia i soldi per comprarsi una casa, cara mia, ne parliamo nel duemila » rispose Maricò con un sorriso ironico.

« Questi sono fatti nostri! Voi piuttosto ditemi quanto volete per cedere la vostra parte di casa. »

Si aprì ancora una volta la porta d'ingresso ed entrò Vittorio, primogenito della famiglia Del Sorbo. Ex anarchico, ex comunista, ex potop, ex indiano metropolitano, ex arancione, ex autonomo, e tutto questo a soli diciotto anni.

« La proprietà genera la guerra! » proclamò, passando davanti al gruppo dei parenti. « Piccoloborghesi di merda: siete già defunti e non ve ne siete nemmeno accorti. Se foste gente pulita, in una casa grande come questa, dovreste ospitare almeno altre due famiglie. »

« Pulita fino a un certo punto » s'inserì Luca. « Saremmo quattro famiglie e avremmo sempre un solo bagno. »

« Solo il denaro è sporco, carissimo zio, e come vedi, in questa casa, non si parla che di denaro. »

« Eccolo qua, è arrivato Che Guevara! » gli gridò dietro il padre. « Il denaro è sporco! Lui però, se qualche volta mi dimentico di passargli la paghetta settimanale, mi leva l'anima! »

« Tu mi hai messo al mondo e tu mi mantieni » rispose cupo Che Guevara. Poi rivolto a Luca: « Zio, hai visto Chicca? ».

« Sarà in camera sua. »

Chicca era la più piccola della casa, aveva sei anni. Diciamo che era nata per combinazione. I Del Sorbo infatti, dopo Vittorio, avevano deciso di non avere più figli, poi, come spesso succede, un calcolo di giorni fatto male, ed eccoti Chicca, la più bella di tutti.

« Elisabetta, stammi a sentire » disse Franco, cambiando tono di voce e andandosi a sedere su una poltrona. « Siediti accanto a me e guarda questi annunci immobiliari. »

« Che debbo guardare? » rispose Elisabetta, senza muoversi di un millimetro.

« Voglio mostrarti una cosa » continuò Franco tirando fuori dalla tasca fogli, foglietti e ritagli di giornale. « Ecco qua, senti questo annuncio: "A A A Buonarroti vendesi libero restaurato tricamere doppi servizi cantinola novanta milioni mutuo". Capisci: doppi servizi! Ora io per curiosità sono andato a vederlo: è bellissimo. Palazzo signorile, pochi appartamenti, nel cortile hanno una pianta rampicante tipo edera che ricopre tutta la facciata. Novanta milioni, sessanta subito e trenta col mutuo. »

« E tu compralo se ti piace tanto. »

« Sì che mi piace, ma per noi non va bene. Tre camere sono poche. I ragazzi si fanno grandi, dove li metto a dormire? »

« E allora perché sei andato a vederlo? »

« Ma per te, figlia mia, per te. Voi non avete figli e quell'appartamento sembra fatto apposta per voi: camera da letto con ripostiglio per farci il guardaroba, camera da pranzo e saloncino con due finestre sulla strada. E poi due servizi, capisci Elisabetta, due servizi: la mattina potete restare in bagno quanto tempo volete senza l'incubo di quelli che aspettano fuori. »

« E hai pensato pure come trovare i novanta milioni? »

« In contanti ne chiedono solo sessanta. Un po' te li comincio a dare io per la metà della casa e un po' Luca se li fa prestare in ufficio. Io mi sono informato e ho saputo che alla IBM esiste un Piano Case con cui si possono avere prestiti a basso interesse fino a quattordici milioni. Luca, Luca, è vero che la IBM vi presta quattordici... »

Luca si era rimesso la cuffia e sorrideva beato. Franco gli fu subito sopra, spense l'amplificatore e gli tolse la cuffia, non senza tradire una certa irritazione per l'indifferenza del cognato.

« Luca, è vero che alla IBM esiste un Piano Case con cui tu potresti farti dare un mucchietto di milioni in prestito? »

« Sì, mi sembra di sì, *ciù ciù ciù ciù ciù... cuì cuì cuì... cuììì.* »

« E va be', » si spazientì Franco « questo se la fischia! E quanto ti danno? quattordici milioni? »

« *Ciù ciù ciù ciù ciù... cuì cuì cuì... cì cì cì cì cuììì.* »

« Ma porca miseria, la vuoi finire di fischiare?! »

« *Ciù ciù ciù... cuì.* »

« E lascialo perdere » gridò Elisabetta. « Lui è come se non ci fosse! Non ha capito che sua moglie sta per avere un esaurimento nervoso. Non l'ha capito o non lo vuole capire. Lui fischia! »

Il primo cinguettio di Luca divenne ben presto un aneddoto classico nella storia della IBM ITALIA. Come sempre capita in questi casi, l'episodio, man mano che passavano i giorni, si arricchiva di sempre nuovi particolari. Tra le versioni di maggior successo, ne circolava una secondo la quale Perrella, oltre a cinguettare come un fringuello, sarebbe balzato sul tavolo di riunione e avrebbe cercato di beccare sulla testa l'ingegner Livarotti. Secondo altri il pazzo avrebbe fischiato l'intera cavatina del *Barbiere di Siviglia*. Scherzi a parte, la sede rimase traumatizzata dallo scandalo del Servizio Previsioni, anche perché quel benedetto uomo di Luca si fece sorprendere ancora un paio di volte a cinguettare nei corridoi. Più le voci prendevano consistenza e più il quarto piano si affollava di curiosi che volevano « vedere » il fenomeno. Arrivavano segretarie di altri piani, capi che facevano una capatina da Granelli per sapere come effettivamente erano andate le cose e gente di ogni tipo che, con una scusa o con l'altra, entrava nell'ufficio di Luca nella speranza di sentire un gorgheggio di prima mano.

A dir la verità, tanto scalpore era anche abbastanza motivato, e questo perché Luca, dopo quella famosa mattina, aveva cominciato a muoversi in modo bizzarro o, quanto

meno, inconsueto. In altre parole, il dottor Perrella assu
meva da fermo posizioni che, diciamo così, erano più
tipiche degli uccelli che non degli uomini. Classica, per
esempio, quella di stare in piedi, fermo, reggendosi su una
gamba soltanto. Sì, proprio come fanno le gru. Altre volte si metteva le mani sui fianchi e ondeggiava leggermente
i gomiti in avanti e indietro come se fossero ali. Oddio,
erano movimenti quasi impercettibili, fatti sicuramente senza rendersene conto, però bisogna tener conto che tutti gli
occhi erano puntati su di lui e che ogni suo atteggiamento
veniva interpretato dai colleghi in chiave ornitologica e,
subito dopo, divulgato con l'aggiunta di sempre nuovi particolari.

Le battute sull'uccello Perrella si sprecavano e questo
aveva completamente scombussolato la quieta routine del
Servizio Previsioni. Frasi del tipo: « vola colomba bianca
vola » oppure « avvisate Perrella che tra poco si apre la
caccia » erano all'ordine del giorno. Livarotti, poveraccio,
non era più lui: le chiacchiere, le risatine nei corridoi e
perfino una certa sfiducia nel Bollettino Mensile Previsioni,
lo avevano scosso nel profondo. Alcuni dei suoi colleghi
gli avevano messo la pulce nell'orecchio: se il fenomeno
era da attribuirsi a *stress* psicofisico lui avrebbe fatto bene
a mettere le mani avanti segnalando il caso ai livelli superiori, per evitare che un domani potessero accusarlo di an-
gherie nei confronti di un collaboratore. Come ultima bato-
sta, gli arrivò un invito da parte della Direzione del Personale a stendere entro ventiquattro ore una relazione TC (*Top
Confidential*) su quanto era accaduto.

A questo punto Livarotti perse la testa: dopo una notte
passata in bianco, si decise a chiedere un colloquio al Vice Direttore Generale dottor Bergami, suo ex compagno
di scuola alle elementari.

« Senta Livarotti, non ho capito bene che cosa voglia lei

da me » gli disse Bergami appena lo vide (probabilmente alle elementari si davano del tu, ma questo ora Bergami se l'era dimenticato). « Io temo che lei si stia facendo influenzare da quattro pettegolezzi di corridoio. È sicuro di non aver sopravvalutato l'incidente? »

« Dottor Bergami, le assicuro che... »

« Magari questo Perrella aveva bevuto. »

« Di prima mattina?! »

« Be', non si sa mai: in America ho visto di peggio. Comunque lei è sicuro che non fosse ubriaco? »

« Sicurissimo. Le ripeto: quando Perrella entrò in riunione era normalissimo. Nessuno avrebbe potuto immaginare quello che poi sarebbe successo. »

« Quello che sarebbe successo! » ripeté Bergami imitando la voce di Livarotti. « Lei dice: "quello che sarebbe successo" come se fosse successo chissà che cosa. Livarotti, per la miseria, non perdiamo il senso della misura! »

« Dottor Bergami, mi creda, la cosa è preoccupante. »

« Ma vuole scherzare?! Con tutto il daffare che ho io, con New York che aspetta l'*Operating Planning*, con la Relazione Mensile che debbo ancora scrivere, con mister Kenneth che mi arriva domani dall'America e che debbo portare in giro per l'Italia, lei oggi se ne viene qua, mi chiede un colloquio e mi fa perdere mezz'ora di tempo perché un tizio che si chiama Perrella ha fischiato durante una riunione! »

« No, dottore, Perrella non ha fischiato. Ha cinguettato. »

« Livarotti!!! » gridò Bergami. « Che vuol farmi credere dicendo che ha cinguettato? Che è diventato un uccello?! »

A questa precisa domanda Livarotti non rispose; Bergami balzò in piedi, puntò le mani sulla scrivania e a voce bassa, ma in tono minaccioso, ripeté la domanda:

« Che cosa intende dire quando dice: "ha cinguettato"? »

« Che ha cinguettato. »

« In che modo? Me lo sa rifare lei? »

« Ci ho provato, ma non lo so fare... è un cinguettio come quello che una volta si sentiva alla radio... se lo ricorda? »

« Quale trasmissione? »

« Non era una trasmissione, era l'uccellino della radio, quello che cantava durante gl'intervalli. C'era anche una canzone. »

« Quale canzone? »

« Quella che faceva: "l'uccellino della radio ha preso il vol". »

« Ma che fa, si mette a cantare?! »

« No, era per farle ricordare l'uccellino della radio. »

« Livarotti, Santo Iddio! Comincio a credere che qui in IBM ci sia qualcosa che non va: chi canta, chi fischia, chi cinguetta e nessuno lavora! Va be', a questo punto mi sono stancato. Lei chiami questo Perrella, gli faccia un cicchetto come Dio comanda, e tutto si mette a posto. »

« Ho paura che la cosa non sia così semplice, dottor Bergami... Perrella fa anche altre cose strane... »

« Che fa? »

« Muove le braccia così » Livarotti si alzò in piedi e mise le mani dietro la schiena, poi cominciò a remare con i gomiti imitando un uccello che sta per prendere il volo.

« Davvero?! » sospirò Bergami mettendosi a sedere (questa volta Livarotti lo aveva impressionato). « Ma allora è un pazzo! »

« Non lo so. »

« E sul lavoro come va? »

« Va benissimo: finora quello che gli ho chiesto me lo ha sempre fatto come si deve. »

« E da dove viene questo Perrella? »

« Viene da Napoli. »

« Figurarsi se non veniva da Napoli! »

« Ha lavorato come rappresentante giù a Napoli, poi è stato trasferito sette anni fa alla filiale di Milano 3, dove in seguito è diventato marketing manager. »

« Ah sì, mi ricordo: uno con i baffi? »

« Precisamente. »

« E se fosse un extraparlamentare... sa, uno di quelli che scrivono sul "Male" con uno pseudonimo, insomma uno che si è messo in testa di prenderci in giro? »

« No, lo escludo. Granelli che lo conosce da tempo mi ha giurato che non si occupa di politica. »

« Comunque lei non lo perda d'occhio e mi faccia sapere. »

« Senz'altro, dottore. »

« A proposito, Livarotti, questo Perrella ha giorni di ferie arretrati da recuperare? »

« Sedici. »

« Faccia in modo che se li prenda subito: può darsi che abbia bisogno solo di un po' di riposo. »

« Gliel'ho già suggerito, ma mi ha risposto che vuole recuperare a luglio quando dovrà andare al mare con la moglie. »

« Maledizione, questo è un guaio! Tra l'altro, ora che ci penso, noi giovedì prossimo abbiamo il Kick-off. »

« Ebbene? »

« Via, Livarotti, si svegli! Si rende conto che quest'anno a presentare il Kick-off ci sarà mister Kenneth in persona! E lei lo sa come è fatto mister Kenneth: quello si mette a parlare con tutti quanti, con le segretarie, con i capi, poi magari chiede qualche cosa a Perrella e Perrella che gli fa? L'uccellino della radio?! »

« Per amor del cielo! » esclamò Livarotti rabbrividendo.

« Imporgli di non venire, non possiamo; magari un domani questo si fa furbo e ci accusa di averlo discriminato.

No, non c'è niente da fare: dobbiamo correre il rischio di averlo tra i piedi. Piuttosto mi raccomando, Livarotti: che Perrella non venga mai a contatto con mister Kenneth! »

« Lo sbatto in ultima fila. »

« Faccia come crede, però si ricordi: io la ritengo responsabile del comportamento di tutti i suoi uomini. »

Il Kick-off, ovvero il « calcio nel sedere », è una riunione generale che la IBM organizza un paio di volte l'anno in ogni distretto di vendita. Scopo della manifestazione è caricare moralmente tutti i dipendenti affinché aumentino la loro produttività. Il programma, collaudato ormai da anni e anni di strategie di marketing, si articola in tre fasi distinte: i risultati raggiunti, gli ospiti d'onore e i premi a tutti coloro che si sono distinti nel corso dell'anno precedente.

Dietro precisi ordini di Livarotti, Luca fu affidato alla stretta sorveglianza dei colleghi Granelli e Salvetti. I due guardiani erano molto preoccupati per il compito ricevuto, poi, quando videro Luca assopirsi già al primo discorso ufficiale (quello del ringraziamento ai tecnici della manutenzione per il lavoro svolto nell'anno), si rilassarono anche loro.

Mister Kenneth era uno dei pochi managers americani, se non l'unico, a parlare correttamente l'italiano. Quando il Direttore Generale annunziò trionfalmente la sua presenza, il vecchio Kenneth balzò in piedi come un ragazzino e arrivò di corsa al palco tra gli applausi della platea.

« Grazie Giorgio » disse al Direttore Generale. Poi, rivolto ai presenti: « Amici italiani buongiorno [*altri applausi*]. Oggi è il 21 aprile; più di duemila e settecento anni fa, in questo stesso giorno, veniva fondata la città di Roma. Ora non è che io voglia paragonare l'IBM all'Impero Romano, però lasciatemi dire che come Roma portò in breve tempo la sua civiltà in tutto il mondo, così la IBM ha diffuso nei cinque continenti i suoi prodotti [*applausi*]. Un giornalista italiano ieri ha chiesto al mio assistente mister Tennyson se la IBM ITALIA può essere considerata un'azienda italiana, e mister Tennyson, che capisce la lingua italiana ma che non sa pronunziarla molto bene, ha risposto: yes [*risate*]. Ebbene, questa risposta ha lasciato molto perplesso il giornalista italiano, per cui io ho creduto opportuno spiegargli che cosa è oggi nel mondo una multinazionale. Noi siamo come un grande albero, che ha tanti rami... ».

In quel momento l'oratore ebbe un attimo di pausa e, nel silenzio della sala, si sentì:

« *Ciù ciù ciù ciù ciù... ciuì ciuì ciuì... ciuììììì.* »

Mister Kenneth si fermò di colpo e guardò verso il soffitto come a cercare qualcosa. Intanto dalla platea venne un fitto brusio di risate represse (una delle segretarie, la Gasparini, ebbe quasi uno sturbo). Granelli e Salvetti impallidirono e quasi contemporaneamente si gettarono su Luca per impedirgli di emettere qualsiasi altro suono. Livarotti si conficcò le unghie nella carne. Bergami si voltò indietro e fissò con estrema durezza tutto il gruppo del Servizio Previsioni. Dopo una pausa che ad alcuni sembrò eterna, mister Kenneth riprese il suo discorso.

« *Well*, credo di aver sentito il canto di un uccello. Forse a sentirmi parlare di alberi, qualche uccello mi ha preso alla lettera ed è entrato nel nostro salone. Ebbene, io sono costretto a deluderlo e a dirgli: vola via, mio caro uccellino, questo qui non è il tuo mondo, qui tu sei nel tempio della produttività e noi siamo tutte persone che vivono con i piedi per terra. »

VI

Una volta al mese, di domenica pomeriggio, in casa Caraccioli si riceveva. Le due sorelle avevano un loro giro di nobili, veri o presunti tali, e tenevano moltissimo a mantenere elevato il tasso di nobiltà dell'ambiente. Figura chiave di questa piccola Versailles, una certa contessa Marangoni della Spinola, un donnone già distintosi in passato come militante monarchica e come attivista della maggioranza silenziosa. A proposito, per quanto riguarda il « silenziosa », tutto si poteva dire della Marangoni tranne che fosse capace di stare cinque minuti senza dire qualcosa di definitivo: la contessa esercitava in casa Caraccioli un potere dispotico, decideva chi fosse da invitare e chi da tenere alla larga, stabiliva torti e ragioni e non ammetteva diritto di replica. La sua invadenza non conosceva limiti e, dal momento che in ogni campo si riteneva in dovere di emettere sentenze, la vita delle due famiglie Caraccioli finiva con l'essere condizionata dai suoi « consigli ». L'abbigliamento di Luca, tanto per fare un esempio, era stabilito dalla Marangoni della Spinola e le stoffe dovevano uscire da una severa selezione operata dalla contessa e dalle due sorelle. Se c'era un tipo di vestito che Luca aveva in odio, questo era il Principe di Galles, ebbene, almeno ogni tre anni la moglie, nel giorno del suo compleanno, gli si presentava davanti con il « bellissimo » taglio Principe di Galles marca Ermenegildo Zegna. Se a questo poi aggiungiamo: il sarto quasi ottantenne, i pantaloni con il cavallo basso, le camicie con i gemelli, le cravatte reggimentali e le mutande bianche, quelle aperte sul davanti e con le iniziali ricamate, ci si può immaginare quale fosse il risultato finale. *Dulcis in fundo,* il commento finale delle tre donne sintetizzato dalla frase: « Sembra proprio un inglese! ».

Tra i molti rituali imposti dalla contessa c'erano i tornei di bridge. Luca a questi tornei non partecipava mai, e non perché disdegnasse il gioco del bridge, ma solo perché le partite finivano sempre col degenerare in risse familiari. Il guaio era che, malgrado le lezioni a diecimila lire l'ora impartite dal maestro, tale barone (?) Candiani, le due sorelle non possedevano la forma mentis necessaria per questo tipo di gioco e l'unico sistema di licita che avevano messo a punto, dopo sei mesi di corso, era quello di farsi dei segni quando giocavano in coppia.

Convincere la moglie a estromettere la contessa Marangoni dalla loro vita era cosa impensabile, se non altro perché i pochi veri nobili che frequentavano la casa erano tutti, alla fin fine, suoi carissimi amici. Non rimaneva quindi che sperare in una soluzione drastica da parte del destino. A dir la verità, Luca, nelle sue fantasticherie, aveva più volte progettato un piano per eliminare fisicamente la contessa, e questo, in un uomo come lui che non riusciva a uccidere nemmeno le zanzare, era un pensiero davvero sorprendente, anche se formulato solo in via ipotetica. L'idea cominciò a prendere forma non appena seppe che la Marangoni era solita chiudere ogni sua lettera con la seguente frase: PER IL MIO RE E FINO ALLA MORTE. Orbene, questo slogan, debitamente corredato dalla firma svolazzante della vittima, era più che sufficiente per mettere in piedi un delitto perfetto. Sarebbe bastato ritagliare dalla lettera di appartenenza il rettangolino con la frase patriottica, ficcarlo tra le mani della defunta e coprire il tutto con una bandiera tricolore con lo stemma sabaudo. Luca già pregustava i titoli sul settimanale « Lo Specchio »: « Suicidio di una nobildonna avvilita dalle brutture dei nostri giorni ». Per quanto riguardava poi il modo di farla fuori, non si era ancora deciso, non avendo trovato una forma di morte violenta proporzionata al suo desiderio di vendetta.

I mariti delle sorelle Caraccioli erano trattati dalla contessa e dai suoi amici con manifesta rassegnazione: Luca, per essersi sempre tenuto da parte e Franco, a causa del suo aspetto di commerciante di suini. In verità, il povero Del Sorbo ce l'aveva messa tutta per ingraziarsi la Marangoni, riuscendo a passare dalla pacca sulla spalla che, diciamo la verità, gli era più congeniale, all'inchino e al baciamano.

Un problema serio era il primogenito della famiglia Del Sorbo: il già citato diciottenne extraparlamentare di sinistra. Costui, quando nacque, ebbe come primo nome: Vittorio, e come secondo: Emanuele; ciò nonostante provava per il Partito Monarchico Italiano un sentimento misto di odio e di disprezzo. La madre un giorno riuscì a convincerlo ad accettare un appannaggio mensile di diecimila lire a patto che non si facesse mai vedere durante i « ricevimenti aristocratici ». Una volta, per aver salutato un gruppo di nobili a pugno chiuso, ci rimise un cinquemila. L'indennità Marangoni, come la chiamava Vittorio, aumentava sotto le elezioni. In quei giorni, infatti, la contessa sceglieva come base operativa per la campagna elettorale la loro casa e riempiva le tasche di tutti di volantini su cui era scritto: « Ricordati che da lontano il tuo Re ti guarda! ».

Le due sorelle non erano nobili, ma, avendo accompagnato per ben tre volte la contessa a Cascais, era come se lo fossero, o quanto meno si ritenevano equiparate a dame di corte. Intense ricerche erano state fatte per trovare qualche traccia di sangue nobile tra i loro antenati. Un amico della Marangoni, l'esimio professor Anselmi, esperto in Araldica e Regole Cavalleresche, scoprì che i Caraccioli erano nati a seguito di una relazione extraconiugale di tale Reginaldo Caracciolo, gentiluomo del XVII secolo e grande amatore A quanto pare il giovane Reginaldo, ultimogenito del capostipite Giovanni, conobbe in quel di Capua una bella po polana nota come la Nerina ed ebbe da questa unione due gemelli che, data la paternità, furono subito ribattezzati dal popolo: « i Caraccioli ».

« Ma allora siamo figli di puttana! » esclamò Vittorio, e si beccò subito altre cinquemila di multa.

Fosse vera o no la storia di Reginaldo, per donna Maricò quella *i* al posto della *o* era una spina nel cuore: ne aveva fatto una malattia e, ogni volta che si presentava a qualcuno, giunta all'ultima lettera del cognome, abbassava la voce. Tra l'altro la povera Maricò, a differenza della sorella, che aveva pur sempre lo stesso nome della Regina d'Inghilterra, era stata danneggiata anche nel nome di battesimo: si chiamava infatti Maria Concetta in onore di una nonna materna nata e vissuta nel popolare quartiere di Forcella. La contrazione in « Maricò » era un penoso espediente e non cancellava del tutto quel Concetta di forcelliana memoria.

L'esimio professore Anselmi, dopo estenuanti ricerche condotte negli archivi privati dell'aristocrazia partenopea, riuscì perfino a ricostruire l'antico stemma di questi illegittimi, divenuti nobili solo in un secondo tempo e grazie all'aiuto del loro padre naturale. Secondo lo studioso, lo stemma era costituito da uno scudo bicolore metà rosso e metà nero (rosso per i Caraccioli e nero per la Nerina) con una colonna bianca posta nel mezzo (la colonna fecale, secondo l'interpretazione di Luca). Purtroppo del professore non c'era molto da fidarsi: il poverino versava in disagiate condizioni economiche e, ogni qual volta voleva farsi invitare a colazione, era solito telefonare annunciando nuovi ritrovamenti araldici.

Altro personaggio di spicco della Corte Marangoni era il generale Castagna, piemontese, amico d'infanzia di re Umberto II e grande appassionato di caccia e di equitazione.

« Caro dottor Perrella, la caccia è il primo segno di virilità nell'uomo! Guardiamo in faccia la realtà. La Terra è quella che è: un piccolo sasso che rotola nell'immensità dell'Universo. Lo spazio a disposizione degli esseri viventi è limitato e ciò provoca la selezione naturale. In ogni specie è sempre il maschio quello che ha il compito di provvedere alla sopravvivenza del gruppo familiare. Guai a reprimere nell'uomo l'istinto della caccia! Esso uscirebbe fuori sotto altre forme con grave pericolo per la collettività. Mi fanno ridere i radicali con quella loro crociata contro la caccia! È come pretendere che l'uomo non mangi più, non beva, non faccia l'amore. Mi stia a sentire: una volta ero a caccia con Re Umberto... lei è di Napoli, vero?... Benissimo, allora conoscerà perfettamente la macchia degli Astroni. Dunque, le dicevo: una volta ero a caccia con re Umberto... »

Evitare il generale Castagna era un'impresa quanto mai difficile: teorico della Scuola di Guerra, non attaccava mai un lungo racconto di caccia se prima non aveva stretto il suo avversario in un angolo della casa. L'unico trucco per sgusciare era quello di porgli delle domande devianti del tipo:

« Ha letto l'ultimo libro di John Smith: *La caccia del cinghiale alla Corte di Filippo V*? No? Adesso vado a cercarglielo. »

Quel giorno, oltre al solito ricevimento della prima domenica del mese, si celebrava anche l'anniversario del compleanno del Duca D'Aosta. Per l'occasione erano stati invitati ospiti di prestigio tra cui il conte e la contessa Cassani della Rocchetta, lontani parenti del Duca, e il segretario provinciale del Partito Monarchico Italiano. Potete quindi immaginare quanto fossero in ansia le sorelle Caraccioli, anche perché da un po' di tempo a questa parte i cinguettii di Luca erano diventati sempre più frequenti. Difficilmente il dottor Perrella riusciva a concludere una serata senza avere prodotto almeno un trillo o un gorgheggio. Tra l'altro, non cinguettava sempre nello stesso modo, bensì adattava il suono all'interlocutore: ad esempio, quando si rivolgeva alla moglie gli scappava il verso della cornacchia:

« Elisabetta, per favore mi passi... *cra cra cra...* il sale. »

Queste stranezze provocarono in un primo momento l'insofferenza della moglie e i commenti ironici del cognato, successivamente, vista l'inutilità di qualsiasi appello al buon senso, si cercò d'isolare il cinguettatore nella speranza che prima o poi riuscisse a liberarsi da questa mania.

« In fondo ciascuno di noi ha i suoi tic » diceva la povera Elisabetta. « Tu, per esempio, hai sempre avuto il vizio di fare le palline con la mollica di pane. »

« Sì, ma non prendo in giro la gente » rispondeva Franco che non credeva nell'innocenza di Luca.

Intensificandosi i cinguettii, in casa Caraccioli si creò l'esigenza di un secondo allontanamento, dopo quello dell'anarchico Vittorio. Dietro suggerimento della contessa Marangoni, fu predisposto un attacco per la televisione nella stanza del domestico, in modo da consentire, sia a Luca che a Vittorio, la visione dei programmi domenicali, ivi compresa la partita di calcio.

Quella domenica però Vittorio, preso da altri impegni, decise di non tenere compagnia allo zio.

« "Domenica in" non la reggo » disse il ragazzo. « Preferisco uscire con gli amici. Zio, peccato che tu sia capace solo di cinguettare. Se ti fossi specializzato in pernacchie, io adesso ti darei un cinquemila per fartene fare una in salotto. » E se ne andò.

VII

La stanza del domestico era chiamata così per modo di dire, in pratica era solo uno stanzone ripostiglio dove giacevano l'uno accanto all'altro il lavabiancheria, l'asse per stirare, un tavolo da lavoro e il guardaroba delle cose fuori stagione: a destra quelle di Elisabetta e a sinistra quelle di Maricò. Accatastati in un angolo: i vecchi giocattoli di Chicca, la bicicletta di Vittorio e un vogatore, mai usato in verità, di Franco Del Sorbo.

Un domestico fisso in casa Caraccioli non c'era mai stato, nemmeno ai tempi d'oro del compianto cavaliere Ottavio. Adesso c'era solo una donna a mezzo servizio, non presentabile agli estranei, e, in casi eccezionali, un ex cameriere della Marangoni che, per ventimila a sera, accondiscendeva a farsi vedere in livrea e a portare su e giù per la casa rinfreschi e tramezzini.

Quella domenica pomeriggio Luca si sentiva particolarmente sereno: in primo luogo perché stando chiuso là dentro, era riuscito a evitare i festeggiamenti in onore del Duca d'Aosta e poi perché nella stanza del domestico aveva ritrovato una sua vecchia poltrona da scapolo che, l'anno precedente, era stata esiliata dalla contessa Marangoni sotto l'accusa di essere kitsch. Per un attimo Luca ebbe il sospetto che anche lui fosse diventato improvvisamente kitsch, ma la cosa non lo preoccupò affatto; accese il televisore a colori, fece col telecomando una rapida carrellata di tutte le trasmissioni e vide nell'ordine: « Domenica in », il rugby, i cartoni animati giapponesi, alcuni cow boy, altri cartoni animati giapponesi, altri cow boy e altri cartoni animati. Si riportò su « Domenica in » e si accorse di avere sete. Pensò che sarebbe stato più prudente avere una bottiglia di acqua minerale, in modo da non correre il rischio, a festa già cominciata, di dover attraversare la casa per bere. Andò in cucina e, con sua grande sorpresa, vide il maestro di bridge, il sedicente barone Candiani, e sua moglie Elisabetta tutti intenti a preparare la sangria. Che il barone potesse dedicarsi a qualcosa al di fuori del bridge, Luca non l'avrebbe mai sospettato; secondo il maestro l'umanità si divideva in due categorie: quelli che sapevano giocare bene la carta e gli ignoranti, ovvero i pressappochisti e i mezzi giocatori (questa seconda categoria non meritava di sopravvivere). Per il barone non sapere, in ogni istante della partita, quanti fossero gli *atout* usciti era un atto di maleducazione intollerabile. Adesso, vederlo fraternizzare con la moglie, emerita schiappa nel gioco del bridge, non poteva non meravigliare il nostro Luca. Probabilmente il fatto che Elisabetta fosse una cliente aveva indotto il maestro a una particolare indulgenza, oppure, ipotesi boccaccesca, vuoi vedere che il severo istruttore stava corteggiando l'allieva? Luca non si soffermò su questo pensiero ma, presa la minerale, salutò con un cenno della testa come a dire: « statevi bene », e se ne tornò nella stanza del domestico. Qui, malgrado Pippo Baudo, riprese a fantasticare sulla presunta tresca di sua moglie Elisabetta con il barone. La prima cosa che lo colpì fu la sua assoluta indifferenza per la cosa; si chiese se fosse mai stato innamorato della moglie o, quanto meno, se provasse per lei ancora dei sentimenti. Quando la conobbe, Elisabetta era una persona bisognosa d'affetto, una donna molto sola; ecco perché, trovandosi anch'egli in una situazione analoga, il matrimonio gli era sembrato la soluzione ideale. Ora, non che Elisabetta fosse cambiata, però non si poteva negare che tra i due si fossero manifestate un'infinità di differenze: di gusti, di interessi, di mentalità e via dicendo. Tentativi di dialogo a suo tempo ne aveva fatti, adesso non più. Le loro strade, col passare degli anni, si erano divaricate. In ogni caso, verso la moglie Luca non provava alcun risentimento, anzi, sentiva nei suoi confronti una certa strana solidarietà, un qualcosa a mezzo tra l'affetto e la compassione. Onestamente poi riconosceva la sua fetta di responsabilità: agli inizi, per compiacerla, aveva cercato di recitare la parte del laureato di successo nella Milano industriale, e ora eccolo lì, rassegnato ad abitare in una casa di estranei e a coricarsi con una signora che ogni sera, prima di dormire, pretendeva di raccontargli tutto quello che aveva detto la contessa Marangoni.

Anche Elisabetta, però, doveva sentirsi infelice. La casa, la nobiltà, l'attività politica, tutti palliativi che servivano a nascondere quello che doveva essere il suo problema principale: la mancanza d'amore. Chissà adesso... col barone? Luca in cuor suo le augurò la migliore fortuna (a lei sia chiaro e non al barone che invece gli stava cordialmente antipatico). Ah Milano, Milano! Città di amanti in attesa d'amore: zoppi che si appoggiano ad altri zoppi per non cadere e che scoprono, dopo un po' di strada fatta insieme, di non avere la stessa camminata.

Luca, nella speranza di pescare qualche vecchio film di Totò o di Peppino, si fece un altro giro tra i dodici canali del suo televisore: ancora una volta, però, fu costretto a rifugiarsi nella solita « Domenica in ». Pippo Baudo si era messo in contatto con il suo collaboratore esterno.

« Awana Gana, mi senti? »

« Sì Pippo, sono qui nella piazza principale di Pignataro Maggiore, di' pure. »

« Chi sono quei signori che ti sono accanto? »

Niente: non riusciva a concentrarsi! Parole, canzoni, porte che si chiudevano, colpi di clacson che venivano dalla strada, tutto gli si confondeva nella mente e diventava rumore.

Aveva un po' di sonno, forse avrebbe fatto bene a prendersi un caffè, però di ritornare in cucina proprio non ne aveva voglia.

« ... alla fine dei primi quarantacinque minuti, solo l'Inter, il Torino e la Fiorentina sono in vantaggio sul proprio campo; ed ecco i risultati parziali dei primi tempi: Napoli Roma 0 a 0, Fiorentina Udinese 1 a 0, Bologna Catanzaro 0 a 0... »

Stava per appisolarsi quando nella sua stanza entrarono due uomini in tuta.

« Ci scusi, ma dobbiamo mettere i fiori » dissero « tra poco passa la processione. »

« Quale processione? »

« Quella di San Giorgio. »

I due uomini spostarono il tavolo centrale lungo la parete, poi tolsero di mezzo anche l'asse da stiro e il televisore, quindi aprirono sul fondo della stanza una porta che Luca non aveva mai visto prima di allora. Al di là di quella porta c'era una strada di paese, tutta in salita e coperta di fiori. Praticamente era un tappeto continuo costruito con soli petali di fiori: aveva quattro file alternate in rosso e giallo e una larga striscia centrale di petali di rosa. Luca si avviò lungo la salita cercando di passare tra la gente assiepata sui marciapiedi. Arrivò in una grande piazza dove c'era il mercato: era la piazza di San Giorgio a Cremano.

« Cinque lire, cinque lire e vi portate a casa il più bell'ombrello della vostra vita! Per sole cinque lire la moda di Parigi! »

La massa informe della pasta delle caramelle scivolava lentamente verso il basso, ma il venditore riusciva sempre ad afferrarla in tempo e a riavvolgerla su di un'asta cromata.

« Caramelle, caramelle svizzere! Fate contenti i vostri ragazzi! »

Tac tac tac, le caramelle venivano tagliate con precisione micrometrica da un lungo serpente di pasta variopinta.

« Caramelle, caramelle svizzere! »

E di nuovo la pasta caramellosa iniziava inesorabile il suo tentativo di discesa, ancora una volta però l'uomo delle caramelle riusciva a ripigliarla in tempo e a riporla sull'asta cromata.

« Ecco San Giorgio! »

Tutti si precipitarono verso la strada principale. Si sentiva la musica che si avvicinava. Otto uomini in camice bianco portavano il Santo su un baldacchino traballante. La gente buttava in continuazione fiori dai balconi. Dietro al Santo, con un crocefisso tra le mani, un cardinale vestito di rosa e alcuni preti vestiti di nero, e poi una specie di palo decorato da cui pendevano tante strisce di seta: ogni striscia era tenuta per l'estremità da un chierichetto vestito di bianco e di rosso. Uno dei chierichetti, con l'altra mano, mangiava un gelato. E poi la banda: *pam pam-pam pam pam-pam*, gli ottoni marciavano muovendo gli strumenti a tempo, da destra a sinistra e da sinistra a destra. La mamma di Luca aveva le mani piene di pacchi, tutte cose che aveva comprato al mercato, e Luca le stava vicino tenendosi attaccato alle gonne.

« Luca, non ti staccare, capito? Stai sempre vicino a me! » disse la mamma, ma Luca non riuscì a sentire perché proprio in quel momento passavano i tamburi: *tum*

tum-tum tum tum-tum. Si sentì trascinato via da altri ragazzini che correvano ai lati della banda. *Tum tum-tum tum tum-tum.* Quando si accorse di aver perso la mamma, tornò subito sui suoi passi. Niente da fare: la mamma non c'era più. Per un po' rimase sbigottito, quasi al centro della strada, lì dove c'erano i petali di rose. Ogni tanto qualcuno della processione lo spostava verso il marciapiede.

« Mamma, mamma » gridò Luca e corse di nuovo verso la piazza del mercato.

Ritornò di corsa dal venditore di ombrelli e poi da quello delle caramelle. Niente, la mamma era sparita.

« Mamma, mamma » e si mise a piangere.

« Come ti chiami? » gli chiese una voce.

« Luca » rispose lui senza alzare la testa e continuando a singhiozzare.

« Luca, quanti anni hai? »

« Cinque. »

Guardò in alto e vide un vecchio con una grande barba bianca e con tanti capelli che gli cadevano sulle spalle. Rassomigliava un po' alla statuina di San Giuseppe che aveva sul suo presepio; tra l'altro, essendosi piazzato controluce, aveva sulla testa come un'aureola d'argento.

« Luca, è vero che hai perso la mamma? »

« Sì. »

« E allora non piangere, perché ci penso io a trovarla. Lo sai chi sono io? Sono il Signore degli Uccelli. Vieni qui con me che ti faccio vedere quanti uccellini possiedo. »

Il vecchio prese per la mano il piccolo Luca e lo portò al suo banco di vendita, dove effettivamente c'erano decine e decine di gabbie con tantissimi uccelli: canarini, piccoli pappagalli di vario colore e perfino due merli canterini dal becco giallo.

« Vieni con me, Luca, però prima asciughiamo queste lacrime, altrimenti gli uccelli diventano tristi e non cantano più. Ecco fatto! E ora pensiamo a trovare la mamma di Luca. Mi vuoi dire com'è la tua mamma? È bella? »

« Sì. »

« E allora la troveremo subito. »

Il Signore degli Uccelli alzò un lembo di tela che copriva il suo banco di vendita e tirò fuori un violino.

« Lo sai che cosa è questo, Luca? È un violino. Io con questo violino posso parlare agli uccelli. Sissignore, io adesso suonerò il violino e dirò loro: uccellini, uccellini miei, Luca ha perso la sua mamma! Troviamo la mamma di Luca. E così loro si metteranno a cantare tutti insieme per farlo sentire agli altri uccelli che stanno in cielo, e tutti gli uccelli del mondo cercheranno la mamma di Luca. »

Il vecchio appoggiò lo strumento sulla spalla, strofinò un pochino il suo viso sul bordo del violino e cominciò a suonare. Intorno a lui si fece subito silenzio: anche i canarini che, fino a quel momento non avevano fatto altro che gorgheggiare, si ammutolirono. Il vecchio suonò una musica molto dolce e non appena la musica finì tutti gli uccelli ripresero a cantare. Luca guardò in alto, verso gli alberi, e gli sembrò di sentire migliaia e migliaia di uccelli che cantavano in coro.

« Luca, Luca, dove t'eri cacciato? »

Era la mamma.

VIII

Che l'ingegner Salvetti, quella mattina, lo avesse scelto come compagno di mensa, fu un fatto insolito: Salvetti in genere non era il tipo che si sedeva a colazione con un livello inferiore al 60. Alto e occhialuto, col vassoio tra le mani, bastava vederlo per rendersi conto che non avrebbe mai lasciato al caso la scelta dei suoi commensali: mentre con un occhio guardava le pietanze da scegliere, con l'altro faceva complicati calcoli su come si sarebbero seduti i *big* che lo precedevano nella fila. A volte rinunziare alla frutta o, viceversa, attardarsi per aspettare la bistecca, poteva significare un posto sicuro accanto al dottor Goretti, Capo Assoluto dello Staff, se non addirittura un tête-à-tête con l'Amministratore Delegato. La mensa è una zona strategica che un funzionario in carriera non può permettersi di trascurare. Anche su questo argomento il buon Granelli si era sentito in dovere di istruire Luca.

« A parte il fatto » aveva detto Granelli « che a mensa puoi stringere amicizia con le segretarie più belline senza dare adito a pettegolezzi, è proprio in un ambiente neutrale come la mensa che è possibile attuare senza danni la politica della Porta Aperta. Caro Perrella, come sai bene, in IBM la politica della *Open Door* non esiste. Come puoi pensare che sia possibile protestare con il capo del tuo capo e infrangere la solidarietà che esiste fra loro? Andiamo, siamo seri! È chiaro che la porta non è chiusa a chiave, ma è altrettanto chiaro che quando ufficializzi la protesta, metti il capo del tuo capo in condizione di non poterti più aiutare. Esiste invece una politica della Mensa Aperta: tra uno yogurt alla frutta e un commento sulle partite di calcio, puoi porre un qualsiasi problema senza dover pretendere che l'apparato dirigente ammetta in pubblico d'aver sbagliato. E non è tutto: la mensa è l'unica forma di retribuzione che non subisce contrazioni nel tempo. Mentre lo stipendio, malgrado gli aumenti, ti si svaluta anno dopo anno, e non riesci più a comprare oggi quello che ti potevi permettere l'anno scorso, la mensa resta immutabile. Per esempio, non è che ti riducono di un quarto il numero delle patatine fritte soltanto perché l'inflazione è salita al 25 per cento! »

Luca ammise con se stesso di non aver mai sfruttato la mensa come terreno per le relazioni aziendali. Forse solo una volta, quando fece dei timidi approcci con la signorina Callegari.

In ogni azienda esiste una bella per antonomasia: nella IBM ITALIA la Venere ufficiale era la Callegari. Ai tempi della minigonna si registrarono addirittura degli scontri frontali tra impiegati distratti dalle cosce della Callegari. Ogni scusa era buona per fare un salto in Direzione Amministrativa e dare uno sguardo, dall'alto verso il basso, nelle profonde scollature della bionda ammaliatrice. Una volta, a causa sua, ci fu addirittura una circolare che invitava tutte le segretarie a non indossare minigonne e abiti scollati durante le ore di lavoro: il giorno dopo la Callegari si presentò con un pullover aderente senza reggiseno e gettò nello sconforto più assoluto il Direttore responsabile dei Servizi Amministrativi.

Come gli fosse saltato in testa di tentare un avvicinamento della Callegari, non riusciva ancora a spiegarselo:

certo Luca a quei tempi era ancora scapolo, purtuttavia quella era l'ultima donna con cui sarebbe potuto andare d'accordo: a lui piacevano il silenzio, la natura e la poesia, a lei i night, il rock e le moto di grossa cilindrata. Ci uscì una sera a cena. A parte la scelta delle pietanze, per tutto il resto della serata non fu capace di trovare un solo argomento di comune interesse. Culturalmente parlando, la Callegari era un abisso d'ignoranza (per lei Mario e Silla erano due amanti e Sodoma e Gomorra due lesbiche). Finirono così per parlare di IBM come sempre accade tra colleghi e dopo cena lui la accompagnò a casa senza nemmeno tentare l'*avance* che si era proposto.

Luca di solito si sedeva in uno degli ultimi tavoli in modo da non essere al centro delle occhiate e delle battute spiritose dei colleghi. Una volta, mentre passava col vassoio, aveva sentito distintamente un coordinatore di Staff dire sottovoce: « Perrella è andato a prendersi il mangime ».
Eppure l'ingegner Salvetti era riuscito a scovarlo lì in fondo e gli si era seduto vicino.
« Come va Perrella? »
« Bene, grazie. »
« Io invece ho dei grossi problemi con le scadenze. »
« Davvero? »
« Be', capirai: non ho uno straccio di collaboratore e debbo fare tutto da solo. Le filiali se ne fregano di darmi in tempo le previsioni a trenta giorni e io finisco sempre col dare le previsioni generali quando queste sono state già superate dai consuntivi. »
« E perché non chiedi aiuti? »
« Li chiedo, li chiedo, non faccio altro che chiedere aiuti; ma mi sento sempre rispondere: "abbia pazienza... fra poco... non appena ci sarà disponibilità". Poi vengo a scoprire che al gruppo Relazioni Pubbliche con l'IRI sono in otto e che si grattano le palle dalla mattina alla sera! »

« Eh, sì lo so. »

« Tu piuttosto come stai? »

« Un po' meglio, grazie. »

« Perrella, stammi a sentire: io questa azienda la conosco meglio di te. Mi permetti di darti un consiglio per il tuo bene? Regolarizza la tua posizione. »

« Come sarebbe a dire: regolarizza? »

« È necessario che tu rientri nella Norma. »

« E cioè? »

« Tu Perrella lo sai di avere il vizio di cinguettare... »

« Sì, però è una cosa che mi capita di rado. »

« D'accordo, ma se anche ti capitasse una sola volta al mese il problema non cambierebbe. La Norma non prevede che un dipendente possa cinguettare nelle ore di lavoro. Lo facessi a mensa, nessuno ti direbbe niente. In ufficio no, non lo possono accettare. »

« E allora? »

« E allora tu rientri nella Norma e li freghi. Basta che tu dica: "Io cinguetto perché ho un esaurimento nervoso". L'esaurimento nervoso è un fatto previsto, quindi, da quel momento, passi automaticamente dalla parte della ragione. In pratica, non sei più uno che cinguetta, ma sei uno che ha l'esaurimento nervoso per colpa dell'azienda. »

« E poi che succede? »

« Succede che ti danno almeno tre mesi di riposo. Tre mesi che puoi passare come meglio credi: al mare, in montagna, all'estero. E chi ti dice niente? Tanto con gli esaurimenti nervosi non c'è nessuno che ci capisce un tubo. »

« E se poi quando torno cinguetto ancora? »

« Innanzi tutto non è detto che, distraendoti, questo tic non se ne vada così come è venuto, e poi, a te che te ne importa? Vuol dire che ti farai un altro periodo in sede e un altro di malattia. Licenziarti non ci pensano nemmeno: avrebbero troppo la coda di paglia; crederebbero sempre di essere stati loro a farti venire l'esaurimento nervoso. »

Furono interrotti da Granelli.

« Salve ragazzi, che si fa? Si va a prendere questo caffè insieme? »

Perrella e Salvetti si alzarono contemporaneamente e completarono il rito della mensa con la restituzione del vassoio sul nastro trasportatore. Il caffè dopo mangiato era anche un po' la scusa per fare due passi in strada; solo i grandi capi e i fissati, per non perdere tempo, si servivano delle macchinette automatiche dislocate nei corridoi.

Salvetti era uno di questi. Con la scusa di dover terminare chissà quale relazione urgente, salutò e andò via.

« Perrella: occhio a Salvetti! »

« Perché? »

« Perché è una vipera. »

« Ma no, anzi, io l'ho trovato affettuoso. »

« Affettuoso una madonna! Ti avrà consigliato di far finta di avere un esaurimento nervoso e di marcare visita, vero? »

« Sì, lo ha detto pure a te? »

« No, ma è nella logica delle cose. Dunque, sta' attento: Salvetti appartiene a una specie aziendale estremamente pericolosa, è un capo senza collaboratori. Ha il grado di coordinatore capo, ma, per deficienza di personale, non gli sono stati affidati degli uomini. »

« E questo che c'entra? »

« È determinante. La sua è una situazione drammatica: ha avuto il grado e la funzione, ma non la può esercitare; è come se tu dicessi a un vigile urbano di dirigere il traffico e poi, invece di piazzarlo a un incrocio, lo metti in mezzo a una strada a senso unico. Lui potrà soltanto fare cenno col braccio agli automobilisti d'andare avanti: dopo un po' comincia a dare i numeri e gli viene il complesso Salvetti. »

« Ma insomma, Salvetti che vuole? »

« Vuole il tuo posto perché muore dalla voglia di comandare, questo è tutto. Sicuramente ne avrà già parlato a Livarotti. Gli avrà detto: "Io convinco Perrella a darsi malato, e lei mi propone come suo sostituto all'SPLMT". Livarotti da parte sua, non chiede di meglio che tu ti tolga dai coglioni. Una volta uscito per malattia, la IBM ti dovrà sostituire e, o che sia Salvetti o un altro a prendere il tuo posto, è sicuro che al tuo ritorno non finiresti più con Livarotti. »

« Ma è così grave il mio cinguettio? »

« Sì, Perrella mio, è grave. Lo sai che ti voglio bene, però devi capire che te, con quel mezzo fischiettino che fai, non è che minacci solo la produttività dell'azienda, ma ne offendi anche la sacralità. Forse ne comprometti addirittura la sopravvivenza! »

« Eh via, non esageriamo! »

« Stammi a sentire: l'uomo non può vivere senza credere in qualcosa. Un tempo di cose in cui credere ce n'erano a bizzeffe: Dio, la Patria, la Famiglia, la Purezza della moglie, l'Onore e compagnia bella. Oggi a ideali si sta maluccio e allora ognuno si arrangia come può. Per qualcuno gli ideali sono i beni di consumo: la Mercedes, la villetta al mare, la barca, per qualcun altro, invece, Dio si identifica con l'azienda dove lavora tutto il giorno. Non a caso IBM è una parola di tre lettere. Ora te cinguettando ti comporti come un eretico, offendi il sentimento religioso di questa persona. »

« Ma è una cosa del tutto insignificante » rispose Luca. « È solo un tic come un altro. »

« Lo so, ma è anche un sintomo di allegria e come tale non può essere tollerato nel tempio del lavoro. Ti sei mai chiesto perché gli edifici della IBM, in genere, sono grigi e tetri? Perché la gioia viene considerata un peccato aziendale, ecco perché! »

« Ho capito, allora bisogna fingere di stare preoccupati... »

« ... sempre, ma la tua colpa maggiore non è nemmeno questa. Il fatto vero è che te, cinguettando, ti sei dichiarato diverso. »

« Diverso come? »

« Non importa sapere il come. La diversità è già un reato di per sé e non c'è bisogno di sottilizzare. Vedi Perrella, qui in IBM non c'è mai nulla che si distingue: tutto è sempre rigorosamente "medio". Gli americani questa caratteristica la chiamano *medium tendency*. A chi ha il problema di comandare dà impiccio sia il troppo stupido sia il troppo intelligente. Supponi che in una catena di montaggio ci sia un operaio che monti centoquaranta bulloni l'ora invece di cento, che credi succeda? Che dopo un paio d'ore questo operaio t'incasina tutta la catena di montaggio. Quindi la regola deve essere: "tutti in riga, bellini, e tutti dentro la media". Ecco perché gli uomini IBM sono tutti uguali, ma così uguali che non si distinguono l'uno dall'altro, sono vestiti alla stessa maniera, hanno una moglie e un paio di figli a testa, fanno le stesse cose e vanno a mangiare alla medesima mensa, stessa alimentazione, stessi obiettivi. La Società potrebbe trasferirli da Roma a Milano e da Milano a Napoli senza nemmeno muovere le famiglie; sissignore, gli uomini IBM si potrebbero scambiare le famiglie così come si scambiano i posti di lavoro, tanto i figli non se ne accorgerebbero. Ora te, in una pianura piatta e omogenea come questa, che fai? Salti su e ti metti a cinguettare?! »

IX

Lo sguardo di Luca si posò sui gerani che rallegravano il parapetto del terrazzo di casa Caraccioli. Piccole macchie rosse sul fondo grigio dei palazzoni di via Mario Pagano. Una vespa ronzava tra i fiori. Come sempre, dopo mangiato, gli era venuto un po' di sonno. Il napoletano immigrato al nord può perdere l'accento, l'abitudine agli spaghetti, ma non il vizio della *controra*, ovvero quel lasciarsi rintontire per una mezz'oretta nel caldo del primo pomeriggio. Con gli occhi semichiusi, guardava i gerani attraverso la cortina delle ciglia e tutto il mondo intorno a lui assumeva l'aspetto scontornato di un quadro impressionista.

Il terrazzo, il sole, la vespa, i gerani, tutte cose più che sufficienti per poter immaginare di essere ancora a Napoli. Luca si ricordò della sua casetta *astec' 'a cielo* alla calata San Francesco e, volutamente stavolta, chiuse gli occhi del tutto per meglio rivedere l'asfalto colloso, le mattonelle di cotto del parapetto, la colombaia del nonno dipinta di bianco e le lenzuola che s'ingobbivano al vento. Su quel terrazzo aveva studiato, giocato, preso il sole e guardato le stelle. Una volta, quando era ancora all'Università, seguendo le istruzioni di una rivista specializzata, era riuscito a costruirsi un cannocchiale astronomico: ne venne fuori una specie di bazooka con cui trascorse notti intere a scrutare le vie del cielo. Dio, l'emozione della prima volta che vide Saturno! Proprio come nelle foto dei libri di testo: limpido, silenzioso, con gli anelli leggermente inclinati sulla sinistra. Le stelle poi erano meravigliose: a volte mandavano lampi azzurrini, altre volte gialli o arancione. Un giorno un esperto gli disse che quegli effetti luminosi erano provocati dalla imperfezione delle lenti che aveva comprato. La cosa non lo turbò minimamente, anzi, fu molto felice che il suo cannocchiale gli mostrasse un Universo ancora più bello di quello reale. Non è detto che la bellezza debba sempre coincidere con la verità.

Quando si svegliò un piccolo passerotto saltellava vicino ai suoi piedi. Per non spaventarlo, cercò di non muoversi e di trattenere il respiro. Il passerotto continuò a saltellare e a beccare invisibili bocconi. Ogni tre saltelli una beccata: probabilmente aveva trovato qualche briciola della merenda di Chicca; poi un respiro più lungo degli altri ed eccoti il passerotto sparire tra un frullo d'ali. Luca si alzò e si avvicinò al parapetto a piccoli salti.

« Zio Luca, che fai? » chiese Chicca. « Giochi a campana? »

Chicca era seduta su uno scalino della porta di casa e aveva tra le mani un album per disegno e alcuni pennarelli.

« Giochi a campana? » continuò Chicca. « E non li fai i segni per terra? »

« No, non sto giocando. »

« Allora è vero che sei diventato un uccello? »

« Chi te lo ha detto? »

« Me lo ha detto Vittorio. Mi ha detto: uno di questi giorni zio Luca se ne volerà via come un uccello e da quel momento entrerà in casa solo dalla terrazza. »

« E tu gli hai creduto? »

« Io sì, ma poi l'ho chiesto alla mamma e lei mi ha sgridato: ha detto che non debbo raccontare queste cose in giro. »

« E tu le hai raccontate a nessuno? »

« Sì, a Maurizio a scuola. Lui però adesso vuole sapere che tipo di uccello sei. »

Luca non rispose e si mise a sedere accanto a Chicca sui gradini.

« Che uccello sei, zio Luca? »

« Non lo so ancora. »

Chicca lo guardò con molta serietà.

« Posso chiamarti zio Cardellino? »

« Sì. »

« Ciao zio Cardellino! » gridò Chicca tutta felice.

« Ciao Chicca, *didelì didelì... didelììì...* » rispose Luca e l'abbracciò stringendosela al petto.

« Zio Cardellino, ma tu conosci altri uccelli? »

« Ne conosco tanti. »

« E che ti dicono? Tu li capisci? »

« Mi raccontano le loro storie. »

« Me ne racconti una pure a me? »

« Ti racconto quella di Fiocco Rosso. »

« Chi è Fiocco Rosso? »

« È un picchio che abita su una grande quercia al Parco; è molto vecchio e ormai non vola quasi più. »

« Perché si chiama Fiocco Rosso? »

« Perché quando era giovane aveva la testa rossa come se avesse avuto un cappuccio. »

« Adesso non ce l'ha più il cappuccio? »

« Ce l'ha, ma non è più rosso, è quasi marroncino. »

« E che ti ha raccontato Fiocco Rosso? »

« Mi ha raccontato che quando era un picchio giovane e bello, s'innamorò di una beccaccina bellissima, tutta striata di bianco e di marrone, con un becco lungo ed elegante. »

« Come si chiamava questa beccaccina? »

« Si chiamava Stella d'Argento, perché proprio in mezzo alla fronte aveva una macchiolina bianca che sembrava una stella. »

« Zietto, per favore, mi racconti la storia di Stella d'Argento? »

« Fiocco Rosso e Stella d'Argento s'incontrarono un giorno, in primavera, su un ciliegio. Ora tu devi sapere che i beccaccini maschi, quando vogliono fare la corte alle femmine, battono forte forte la coda come se fosse un tamburo. Stella d'Argento, sentendo Fiocco Rosso che tamburellava, come tutti i picchi, per scavare nell'albero, pensò che le stesse parlando d'amore e s'innamorò di lui per tutta la vita. »

« E Fiocco Rosso? »

« Anche Fiocco Rosso perse la testa per Stella d'Argento. Ma un brutto giorno i genitori della beccaccina li sorpresero insieme in un nido e si arrabbiarono moltissimo. »

« Perché? »

« Perché non volevano che la figlia sposasse un uccello di una razza diversa. "Quello non è un uccello, è una scimmia" diceva la mamma beccaccina "io non lo vedo mai volare: sta sempre arrampicato sugli alberi!" Il papà beccaccino era invece più tollerante: "Non ti preoccupare" diceva "tra poco verrà settembre, noi migreremo in Egitto e questa storia finirà da sé". »

« Che significa: migreremo? »

« Significa che dovevano andare in un paese lontano. Devi sapere, Chicca mia, che ci sono uccelli che quando viene l'inverno si mettono a volare per migliaia e migliaia di chilometri fino ad arrivare nei paesi dove fa più caldo, e ci sono uccelli invece che restano sempre nello stesso posto. »

« Come il nostro portiere che non va mai in villeggiatura? »

« Proprio così. »

« E Fiocco Rosso che tipo di uccello è? »

« Uno di quelli che non possono migrare. »

« Perché? »

« Perché non ce la fa ad attraversare tutto il mare che c'è da qui all'Egitto. »

« E allora che successe? »

« Che Stella d'Argento partì con la sua famiglia e che Fiocco Rosso restò ad aspettarla. »

« Per quanto tempo? »

« Per tutto l'inverno. Poi, quando venne di nuovo la primavera, siccome Stella gli aveva raccontato che i beccaccini, al ritorno, non appena vedevano l'Italia, erano soliti riposarsi in un'isola, pensò bene di andarle incontro e, a piccole tappe, riuscì ad arrivare fino a Ischia, proprio sulla spiaggia dove Stella gli aveva detto che si sarebbero fermati. »

« E dov'è Ischia? »

« È una piccola isola vicino a Napoli. La spiaggia, dove vanno a riposare i migratori, si chiama la spiaggia dei Maronti. Gli uccelli arrivano a stormi dal mare a migliaia di migliaia: distrutti dalla stanchezza, per aver attraversato tutto il Mediterraneo, appena arrivano si buttano a corpo morto sul primo lembo di terra che riescono a trovare. Fiocco Rosso aspettò lì tre giorni, poi una mattina si accorse che tutta la spiaggia era gremita di uomini armati: erano cacciatori che sapevano dell'arrivo dei beccaccini e che stavano lì, pronti per ammazzarli. »

« Erano uomini cattivi? »

« Erano cacciatori. Fiocco Rosso non ebbe il tempo di rimettersi dallo spavento quando vide comparire, all'orizzonte, una nuvola nera: lo stormo dei beccaccini! Oddio, pensò, adesso mi ammazzano Stella! E si alzò in volo per poterla avvertire. Pum pum, un cacciatore poco esperto lo vide e gli sparò contro: Fiocco Rosso fu colpito e cadde in mare. »

« E com'è che non morì? »

« Perché rimase un po' sull'acqua a galleggiare. Intanto però i beccaccini, sentendo la schioppettata, avevano cambiato direzione, tranne Stella d'Argento che, sfinita dal troppo volare, come vide un pezzo di legno che galleggiava sul mare, ci si buttò sopra. Ebbene, proprio lì vicino c'era Fiocco Rosso, ferito e privo di sensi, che stava per affogare. Stella volò su di lui e, trascinandolo per un'ala, riuscì a portarlo in salvo sul pezzo di legno. »

« Meno male! » sospirò Chicca che era rimasta molto impressionata dal racconto dei cacciatori.

« Poi successe che, per aspettare la guarigione di Fiocco Rosso, Stella d'Argento lasciò i suoi genitori e si stabilì a Napoli, in un bellissimo nido su un albero della Villa Comunale, in un posto dove non possono entrare i cacciatori. I due uccellini vivevano felici e contenti, quando capitò un fatto veramente curioso: tu devi sapere che in Egitto vive un uccello stranissimo che si chiama "il Guardiano del coccodrillo". »

« Perché si chiama così? »

« Perché sta tutto il giorno fermo impalato sulla testa di un coccodrillo. »

« E il coccodrillo non se lo mangia? »

« No, perché tra questo uccello e il coccodrillo c'è come un patto di alleanza: il coccodrillo lo lascia mangiare tutti gli insetti che gli camminano sulla testa e, in cambio, il Guardiano, quando il coccodrillo dorme, si mette a gracchiare se c'è un pericolo in giro. »

« Ho capito: fa l'uccello da guardia. »

« Proprio così. Ora pare che quando Stella d'Argento stava in Egitto, il Guardiano del coccodrillo si fosse innamorato di lei. Fiocco Rosso dice che Stella lo aveva sempre rifiutato, noi però non sappiamo come siano andate veramente le cose; fatto sta che questo Guardiano, preso d'amore per Stella d'Argento, si mise in cerca di lei e un giorno riuscì a trovarla proprio mentre stava con Fiocco

Rosso su quell'albero della Villa Comunale. Pazzo di gelosia, per prima cosa cercò di ammazzare il nostro picchio, e ci sarebbe sicuramente riuscito perché era almeno tre volte più grosso di lui. Sennonché Fiocco Rosso, un po' nascondendosi tra la gente dei vicoli, un po' volando dietro ai panni stesi ad asciugare, riuscì ad arrivare fino al Giardino Zoologico. Qui capitò un altro fatto stranissimo: il Guardiano scorse in un laghetto il suo coccodrillo, proprio quello che lui aveva lasciato in Egitto e che nel frattempo era stato catturato e portato allo Zoo di Napoli. Preso dalla commozione, si dimenticò di Stella d'Argento e rimase per sempre a Napoli a fare compagnia al suo amico in prigione. »

« E Fiocco Rosso e Stella d'Argento? »

« Vissero felici e contenti ancora per un po' di tempo, poi l'amore finì e se ne tornarono di nuovo a Milano: lei sposò un beccaccino molto ricco e lui rimase scapolo, anche perché una beccaccina bella come Stella d'Argento non gli riuscì mai più di trovarla. »

X

Verso la fine del mese di maggio Luca fu mandato a Roma insieme a Granelli e a Salvetti per frequentare un corso di aggiornamento denominato: TPCI, Tecniche Previsionàli a Correzione Iterativa. Livarotti, prima di decidere se includere o no Luca tra i partecipanti al corso, ci aveva pensato e ripensato almeno una decina di volte, e solo un ennesimo e quanto mai burrascoso colloquio con il dottor Bergami era riuscito a toglierlo dal dubbio.

« Caro Livarotti, » aveva detto Bergami « lei come al solito manca di senso pratico. Al punto dove siamo, due sono le vie d'uscita: a) Perrella guarisce dai suoi tic e allora tanto meglio per tutti quanti, b) Perrella peggiora e in questo caso la Società si vedrà costretta a procedere a un licenziamento per infermità mentale. Ebbene quel giorno, caro Livarotti, avremo bisogno di molti testimoni. Ergo, lo si mandi in giro e che si copra di ridicolo, al resto provvederanno i nostri avvocati. »

A Roma Luca riuscì a trovare il tempo per fare delle bellissime passeggiate: villa Borghese, villa Ada e soprattutto villa Pamphili lo riempirono di felicità. Approfittando del fatto che la maggioranza dei romani non sa di possedere tutto quel verde, trascorse un intero week-end in una solitudine incantata fatta di viali ombreggiati, teneri prati e vecchie mura rivestite di paretaria. A villa Pamphili ci andò di sabato alle prime luci dell'alba. Appena entrato, vide aprirsi davanti ai suoi occhi un'immensa distesa di verde, imprevedibile all'interno di una città italiana. Luca ebbe l'impressione di essere salito sul palcoscenico di un teatro dove era in allestimento un'opera di Wagner: un'antica fontana, semicoperta da una lanugine di muschio bagnato, alimentava una serie di vasche degradanti per finire in un lago circondato da pioppi, salici e magnolie in fiore. Alcuni alberi, piantati al centro del lago, si riflettevano nell'acqua e contribuivano all'atmosfera fiabesca dell'insieme. Lungo le vasche uno strato continuo di minuscole foglioline riposava sull'acqua conferendole un aspetto consistente di moquette. Era come se i laghetti di villa Pamphili avessero indossato per l'occasione un sottile vestito di ciniglia. Qualche rana, di tanto in tanto, bucava il tappeto erboso e vi spariva di nuovo, rapidissima, lanciando in aria un *rra rra* di gioia. Il sole, molto basso a quell'ora del mattino, colorava di senape il verde chiaro delle acque stagnanti.

A un certo punto comparve un signore di mezz'età: aveva un cappello da spaventapasseri, gli occhiali e un pantalone di tela. L'uomo scavalcò lo steccato e scese il declivio fino a raggiungere la riva, là dove essa era quasi più acqua che terra. Aveva con sé due grandi buste bitorzolute di plastica. Guardò da ogni parte, ed emise un paio di *quack quack* con voce forte e gutturale. Ed ecco dirigersi verso di lui decine e decine di uccelli acquatici: erano anatre nere, grigie, piccole, grandi, oche selvatiche, anatroccoli in fila indiana, germani dalla testa nera e dal collo color malachite. Solenni e senza alcun accenno di fretta, due bellissimi cigni si avvicinarono anche loro scivolando in silenzio sull'acqua. L'uomo aprì una delle buste e cominciò a lanciare dei pezzi di pane. Ben presto fu attorniato da uno stuolo di animali starnazzanti. Non tutti restavano in acqua in attesa del cibo; i più audaci salivano a riva a strappargli i bocconi direttamente dalle mani. Nella mischia gli anatroccoli, così simili a giocattoli di pelouche da sembrare finti, si contendevano bellicosamente i pezzi più piccoli. Era tutto un ribollio di scatti e d'improvvisi litigi.

Vedendo Luca, che era rimasto incantato a guardare la scena, l'uomo gli fece con la mano un cenno d'invito.

« Venga, venga anche lei. »

Luca scavalcò lo steccato e scese a riva. L'uomo lo guardò sorridente e, senza dir nulla, gli mise in mano la seconda busta di plastica. Quelli che da lontano gli erano sembrati pezzi di pane, erano invece brioches rafferme.

« Sono avanzi di prime colazioni che mi danno all'Holiday Inn, un albergo che sta qui vicino sull'Aurelia » disse l'uomo, e lanciò un altro *quack* di richiamo.

Luca iniziò la sua distribuzione cercando di favorire i più deboli; c'erano anatre cattivissime che impedivano agli uccelli più vecchi o più piccoli di beccare qualcosa. Non era facile accontentare tutti. Ogni tanto era costretto a lanciare qualche pezzo più lontano per provvedere anche ai cigni che, dignitosamente, si tenevano al largo. A un certo punto si sentì tirare per i pantaloni, guardò in basso e vide una piccola anatra dalla testa rossa e verde: era una alzavola che reclamava la sua parte di colazione. Luca si accovacciò e, sbriciolando una brioche, riuscì a fargliela mangiare nel cavo della mano.

Le buste si vuotarono in pochi minuti. I due uomini rimasero ancora un poco a guardare le anatre che si disputavano gli ultimi bocconi, poi risalirono il declivio.

« Permette? Gianbattista Pellegrini, piacere. »

« Piacere, Perrella. »

« È qui per turismo? »

« No, sono venuto per un corso di aggiornamento, sono dottore in chimica, lavoro alla IBM a Milano. »

« Alla IBM, caspita! Io invece lavoro a Roma: sono insegnante di latino al liceo ginnasio Luciano Manara. È la prima volta che vede villa Pamphili? »

« Sì, ho approfittato che è sabato e che non c'è lezione. Il corso dura due settimane. I miei colleghi sono tornati a Milano, io invece... »

« Ha fatto benissimo: villa Pamphili è diversa da tutte le altre ville di Roma, ha un'anima tutta sua. Vede dottore, io sono noto come il "professore pazzo", e lo sa perché mi chiamano così? No, non si preoccupi: ove mai lo fossi, sarei uno di quei pazzi che non fanno male a nessuno. Lo vede quest'alberello? È un ginepro. Sembra appena nato e invece è un anziano del parco: crescono lentamente ma fanno tutto da soli. Crescono in terreni come questo, ma anche tra le rocce, come capita. Senta dottore, senta l'odore del legno, che le ricorda? »

Il professore Pellegrini strappò un pezzetto di ramo dall'albero e lo accostò al naso di Luca.

« Ci pensi bene, che le ricorda?... Le matite, dottore, le matite! Un giorno provi ad aprire una scatola di latta piena di matite colorate e sentirà contemporaneamente l'odore del ginepro che è poi quello della sua scuola elementare. Dunque dicevo: mi chiamano il "professore pazzo". Non i miei alunni, per carità, loro in un certo senso mi vogliono bene, sono gli altri a chiamarmi così: i colleghi, i vicini di casa, la gente. A questo punto lei starà pensando che se lo dicono tutti qualcosa di vero ci dovrà pur essere. Ebbene, dottore, mi dica: secondo lei, che significato ha la parola "pazzo"? »

« Ma, in genere, dovrebbe significare... diciamo... malato di mente » rispose Luca cercando di non essere offensivo.

« Nossignore, pazzo, dal latino *patiens*, è una parola dai molti significati. Per me, pazzo significa "diverso", e io penso di esserlo. »

« Diverso in che senso? »

« La mia è una diversità minima, eppure tanto strana da non essere accettata dalla collettività. Dottore, io mi alzo la mattina alle cinque e vado a dormire la sera alle otto; questo è tutto. Ho un fuso orario personale! Lo so, non vedo i programmi televisivi delle 20.40, non vado al cinema e pretendo dai vicini di casa che dopo le ore venti non si faccia molto chiasso. Ho fatto una scelta di vita e tra il sole e la TV ho preferito il sole. La mia è soprattutto una scelta acustica: riesco ad avere tre ore di silenzio tutte per me. Nei secoli scorsi, in campagna, sarei stato considerato una persona normale, oggi, a Roma, mi si guarda con sospetto. Sento la gente dietro di me che mormora: "ma questo professore che farà dalle cinque alle otto?". Ecco quello che faccio: vengo a villa Pamphili, respiro l'aria pura, do da mangiare alle anitre e mi metto a parlare con gli alberi. Lei, dottore, ha mai provato a parlare con gli alberi? »

« Veramente no, ... è possibile? »

« Tutto quello che si vuole è possibile. Venga qui con me: adesso le faccio vedere una cosa. »

Il professore abbandonò il viale principale e prese un sentiero tra gli alberi. Ogni tanto si fermava ad aspettare Luca che aveva qualche difficoltà ad attraversare il boschetto.

« La vede quella macchia rosa là sulla collinetta? È un piccolo gruppo di tamerici, è là che dobbiamo andare. Non è molto lontano: dieci, quindici minuti al massimo e siamo arrivati. »

I due uomini si avviarono di buona lena lungo i pendii di un vastissimo prato. Il sole cominciava a farsi sentire. Camminando, il professore faceva gli onori di casa.

« Gli alberi, dottore, sono il simbolo della vita! Lo sa come nacquero gli alberi? »

« Parla della creazione del mondo secondo la Genesi? »

« No, alludevo a una vecchia leggenda egiziana, nota

come la storia di Geb e di Nut. Gli egiziani, ai tempi dei faraoni, adoravano Ra, il signore dell'Universo. Ra era l'ordine, era il caos, era tutto, era lui a decidere chi doveva essere felice e chi non doveva. Ra non aveva regole: comunicava le sue decisioni e tutti tremavano davanti a lui. Un giorno qualcuno raccontò a Ra che un uomo e una donna erano diventati felici senza il suo permesso. "Impossibile," disse Ra "chi sono?" "Si chiamano Geb e Nut e sono tuoi nipoti." "E come fai a dire che sono diventati felici?" "Hanno scoperto un modo per esserlo," rispose la spia "vivono al buio, si amano, si baciano e quando si abbracciano fanno battere i cuori nello stesso momento." "Vai da loro e separali," comandò Ra "e trova un modo perché non si possano mai più incontrare nella vita!" La spia, che si chiamava Shu, s'incamminò verso il luogo dove Geb e Nut erano nascosti e li trovò teneramente abbracciati: Nut copriva con il suo corpo il corpo di Geb e lo baciava sulla bocca, Geb aveva una corona di capelli arruffati e una barba striata fatta di siepi di bosso. Nut aveva un corpo bianchissimo, pallido come una distesa di neve appena illuminata dalla luna. Shu piombò come una furia tra i due, calpestò con i piedi il corpo di Geb e sollevò in aria Nut al di sopra della testa. E fu così che Nut divenne il cielo e Geb la terra. Sul corpo di Nut, in ogni punto dove Geb aveva deposto un bacio, sorse una stella e sul corpo di Geb spuntarono mille e mille alberi, tutti con i rami protesi verso il cielo, come braccia di amanti disperati. Dagli occhi di Nut cominciò a scendere una pioggia silenziosa e piccoli rivoli scivolarono dolcemente tra gli alberi e tutt'intorno nacquero i fiori. »

Il professore tacque e Luca non ebbe il coraggio di dire nulla. La storia appena raccontata lasciava capire che le bizzarrie e gli orari sfalsati del professore dovevano nascondere ben altri segreti: forse un pezzo di vita da dimenticare, chissà, una separazione, o magari soltanto un enorme bisogno d'amore.

« Ed ecco a voi, in tutto il suo splendore, la famosa *tamarix gallica*! Be', che ne dice dottore? Se lo ricorda Virgilio? *Deus nobis haec otia fecit*, un dio preparò per noi questa tranquillità. »

« Sono davvero molto belli questi alberi, e poi, adesso, sono addirittura in fiore. »

« Sì, però se lei li guarda con maggiore attenzione, si accorgerà che una di queste tamerici è più bella delle altre. »

« Una più bella? Mi faccia guardare... Sì, ha ragione, quella lì, la prima a sinistra, è la più fiorita. »

« Esattamente, ed è proprio con quella tamerice che io sto parlando da quasi un anno. »

« Parlando? »

« Dottore, mi stia a sentire: non è che gli alberi siano capaci di capire le parole, il significato dei vocaboli. Sono però in grado d'intuire gli stati d'animo connessi alla parola; hanno sensazioni elementari. Io, dottore, ogni mattina vengo qui e parlo con questo alberello. Che cosa gli dico? Questo non ha nessuna importanza: se scelgo certe parole piuttosto di altre è solo perché io, essere umano, ho bisogno di frasi di senso compiuto per poter comunicare un concetto. L'albero no, l'albero ascolta il suono e capisce dal tono della voce che ho tenerezza per lui. Io gli dico che è l'albero più bello del mondo, che oggi ci sarà tanto sole e che quando verrà l'inverno e le tamerici saranno brutte e spoglie io verrò ancora da lui. Pensi che ogni volta che gli verso un secchio d'acqua gli canto anche una canzone. »

« Senta, professore, non può essere che sia fiorito meglio degli altri perché lei ogni giorno gli versa un secchio d'acqua? »

« No, dottore, che cosa ha capito? Io l'acqua la verso in egual misura a tutte le tamerici. La vado a prendere con un secchio di plastica lì in fondo dov'è la fontana. Quello che conta è solo il modo di porgere, l'amore che è dentro alle cose. E poi, se proprio non mi crede, mi indichi una qualsiasi di queste tamerici e io l'anno venturo gliela mostrerò tutta in fiore e lei dovrà ammettere che sarà la più bella di tutte. »

Luca si avvicinò alla tamerice amata e dai grappoli rosa si alzarono due piccoli passerotti.

« *Ciù ciù ciù ciù ciù... cuì cuì cuì... ciuciù ciuciù* » cinguettò Luca in direzione degli uccellini.

« Mi fa piacere che anche lei abbia voglia di parlare alla natura » disse il professore.

« Non lo trova strano? » chiese Luca

« Strano che cosa? »

« No, niente. »

Più in là, a una decina di metri da loro, un bell'uccello nero si posò sul prato.

« Guardi, professore, un corvo! »

« No, è una cornacchia. La riconosco perché ha il becco tutto nero. Lo sapeva lei che la cornacchia in origine era una bellissima ragazza? Ovidio racconta che una mattina una ninfa stava passeggiando lungo una spiaggia quando fu vista dal dio Nettuno. Ora si sa come andavano a finire certi incontri nella mitologia greca: Giove, tanto per fare un esempio, ne faceva di cotte e di crude. Ebbene, anche Nettuno ci fece su un pensierino. Sennonché la vergine ninfa chiamò in suo aiuto Minerva e costei, prima che Nettuno potesse riuscire nel suo intento, la trasformò in cornacchia. *Metamorfosi*, libro secondo: *tendebam brachia caelo, brachia coeperunt levibus nigrescere pennis,* tendevo le braccia al cielo e le braccia cominciarono a nereggiare di lievi piume. »

« Ma secondo lei è possibile la metamorfosi di un essere umano in uccello? »

« Tutto quello che si vuole è possibile. »

XI

« È permesso? »

« Chi è? »

« Sono Livarotti, buongiorno dottor Bergami. »

Bergami s'innervosì subito: se c'era qualcosa che lo faceva uscire dai gangheri, era questo presentarsi nel suo ufficio senza aver prima chiesto appuntamento tramite la segretaria. Fosse stato pure l'Amministratore Delegato, era buona educazione farsi annunziare. E invece, questo Livarotti, solo perché si erano conosciuti da ragazzini (tra l'altro, nemmeno a quell'epoca gli aveva mai dato molta confidenza) si credeva in diritto di entrare e uscire dal suo ufficio come gli pareva.

« Livarotti, che è successo? Che vuole? Non mi dica che è venuto di nuovo a parlarmi di quel suo rompicoglioni... come si chiama... Pannella... Pezzella... »

« Perrella. »

« Be', che ha fatto ancora? »

« Lui niente, però ho paura che la sua malattia sia contagiosa. »

« In che senso contagiosa? »

« Questa mattina, stavo per prendere l'ascensore, quando ho sentito un cinguettare nei corridoi. Pensando che fosse il dottor Perrella, mi sono avvicinato in silenzio per non farmi sentire: ebbene, non si trattava di Perrella, bensì di altre due persone del mio ufficio: Calia e Ferranti. Da quello che ho sentito io, sembrava che Calia chiedesse qualcosa fischiando a Ferranti e che Ferranti rispondesse con un cinguettio più o meno uguale. »

« Senta Livarotti, adesso basta! Lei e il suo ufficio mi avete rotto le scatole! » sbottò Bergami, picchiando un pugno sul tavolo. « Gliel'ho già detto una volta: la ritengo direttamente responsabile del comportamento di tutti i suoi collaboratori! »

« Ma io proprio per questo sono qui. Mi creda dottore, è una situazione particolare, non so come agire, che provvedimenti prendere. Certo che così non si riesce a lavorare. »

« Ha interrogato quei due? »

« No, non ancora; il fatto è che, maledizione, questi soggetti, come dire, fischiatori, negano l'evidenza anche quando uno li coglie in flagrante. Sembra quasi che il fenomeno avvenga al di fuori della loro volontà. »

« Va bene, ho capito: me la debbo vedere io » lo interruppe Bergami pigiando il tastino rosso del telefono per chiamare la segretaria. « Signorina, faccia venire subito da me... come si chiamano? »

« Calia e Ferranti. »

« ...il signor Calia del Servizio Previsioni... sì, nel mio ufficio, subito. » Il dottor Bergami mise giù il telefono con forza, quasi a voler dire: adesso prendo io in mano la situazione e poi vediamo se le cose non si mettono a posto!

« Poi ci sarebbe anche Ferranti » aggiunse Livarotti.

« Per ora comincio con Calia. Lei non si muova da qui. »

« Dottore, se mi permette un consiglio, io non attaccherei in maniera frontale: lo farei parlare del più e del meno per vedere se a un certo punto si mette a cinguettare senza accorgersene. Io faccio così con Perrella quando voglio assicurarmi che... »

« Senta Livarotti, non ritengo di aver bisogno dei suoi consigli! Che credeva? Che gli avrei subito chiesto: "Scusi, Calia, lei per caso qualche volta cinguetta?". »

Livarotti capì di aver fatto una gaffe e si chiuse in un rispettoso silenzio. Nel frattempo Bergami lo estromise dai suoi pensieri per dedicarsi a problemi di ben altro livello: appuntamenti con personalità, una riunione con il Consiglio d'Amministrazione e così via. Il buon Livarotti lo guardava lavorare e cercava di ricordarselo com'era alla scuola elementare. A pensarci bene, quel Bergami lì era sempre stato un po' stronzo, un "fichetta" come si dice a Milano: calzerotti bianchi e pantaloncini blu fino al ginocchio. Mai una volta che fosse venuto a giocare nel Parco. Vuoi vedere, pensò Livarotti, che Vice Direttori Generali si nasce?! Peccato non avergli dato un bel cazzotto quando ancora se lo poteva permettere!

Dopo dieci minuti si sentì bussare alla porta.

« Avanti » disse Bergami.

La porta si aprì lo stretto necessario per mostrare la faccia pallida e occhialuta del ragionier Calia (livello 18, addetto al sollecito consegna previsioni). Il pover'uomo era in stato confusionale. Mai, da quando lavorava in IBM, aveva messo piede al decimo piano. Lì ogni cosa per lui era un fatto nuovo: la moquette nei corridoi, il salottino d'attesa con le poltrone di pelle, le segretarie sofisticate, bellissime, che gli avevano chiesto: « desidera? » ma con un tono dubitativo come per dire: « guardi che qui lei ha sbagliato piano ». E invece no, lui, il ragionier Calia del Servizio Previsioni, era stato chiamato proprio dal dottor Bergami. Perché? Il perché non riusciva a immaginarlo e questo gli metteva il cuore in tumulto. Già in ascensore, quando aveva premuto il tasto del decimo piano, si era sentito mancare il respiro. Che poteva essere successo: una promozione, un trasferimento, una disgrazia a casa?! No, no, qualsiasi notizia gli sarebbe stata comunicata dal suo diretto superiore o, al massimo, dall'ingegner Livarotti. Bergami non l'avrebbe mai chiamato nel suo ufficio. Intanto, mentre tutti questi pensieri gli invadevano la mente, era rimasto impalato in una posizione stranissima: fermo sull'attenti, ma con la testa dentro e i piedi fuori della stanza.

« Avanti » ripeté Bergami. « Che fa? Non entra? Si accomodi. »

Calia aprì la porta, fece due passi e si fermò al centro della stanza, sempre in posizione rigida e sull'attenti.

« Calia, per favore, non mi faccia perdere tempo: si accomodi su questa poltrona! » si spazientì Bergami.

« Subito » rispose Calia e andò a sedersi sulla poltrona indicata, senza però appoggiarsi allo schienale, un po' come fanno gli allievi delle autoscuole alla loro prima lezione di guida.

« Come va? » disse Bergami cercando di essere salottiero.

« Bene, grazie » rispose Calia e la voce gli venne a mancare per l'emozione proprio a metà del « grazie ».

« Da quanto tempo lei è alla IBM? »

« A settembre saranno sei anni. »

« È contento del suo lavoro? »

« Sì, abbastanza, cioè volevo dire sì. »

« Sì o no? »

« Sì, sì, sono contento. »

« E si trova bene con il suo nuovo capo, il dottor Perrella? »

« Sissignore. »

« Sia sincero, Calia, lei con me può parlare con la massima franchezza: come giudica il dottor Perrella? »

Calia lanciò uno sguardo disperato nella direzione di Livarotti, prese un po' di tempo, poi, dopo aver emesso un profondo sospiro, rispose:

« Credo che sia una persona molto preparata e un ottimo capo. »

« Calia, da uomo a uomo, guardiamoci negli occhi, » disse Bergami sporgendosi in avanti e fulminando con uno sguardo il povero ragioniere « lei non pensa che questo Perrella sia strano? »

« Strano? »

« Sì, strano. O, se preferisce, uno che fa cose strane. »

« Be', certo, bisogna ammettere che il dottor Perrella, in questi ultimi tempi, è un po'... come dire... esaurito. »

« Vuol dire "pazzo"? »

« No, io non ho detto questo. »

« E io dico che è pazzo » incalzò Bergami.

« Effettivamente lo è. »

« È vero che cinguetta? »

« Sì, spesso. »

« E lei pure qualche volta cinguetta? »

« No, io no, io non cinguetto! »

« E no, caro Calia, » lo interruppe Livarotti alzandosi in piedi « adesso non mi venga a dire che lei non cinguetta! »

« Ma le giuro che... »

« Mi stia bene a sentire: lei, proprio questa mattina, davanti all'ascensore, era con Ferranti e stava fischiando, lo può negare? » lo accusò Livarotti puntandogli un dito contro. « Lei e Ferranti, tutti e due, vi ho sentiti io! »

« Sì, fischiettavamo, ma non come il dottor Perrella. »

« E come? » chiese Bergami.

« Vede dottore, io e Ferranti siamo "verdiani", amiamo la musica lirica » disse Calia pallidissimo. « Quando c'incontriamo fischiamo sempre qualche arietta. Questa mattina per esempio abbiamo fatto l'*Aida*, sa, la marcia trionfale: Ferranti faceva il motivo centrale e io facevo il contrappunto delle trombe. »

Bergami guardò Livarotti con aria severa.

« E lei Livarotti, che fa: mi confonde l'*Aida* con il cinguettio degli uccelli? »

« Veramente io non ho orecchio. »

« D'accordo, di questo ne parliamo dopo » lo zittì Bergami. Poi, rivolto a Calia: « A parte il fatto che non considero l'ufficio il posto più indicato per fischiare le opere di Verdi, lei ragioniere può andare. Consideri questo colloquio strettamente confidenziale. È bene che i problemi aziendali restino circoscritti al settore di appartenenza ».

« Se è per questo, » replicò Calia che, a questo punto, aveva ripreso un po' di coraggio « il fatto del dottor Perrella lo sanno tutti, dentro e fuori l'azienda. »

« Come sarebbe a dire: fuori l'azienda? »

« Che lo sanno tutti! Ieri mi ha telefonato un cliente per sapere se era vero quello che si diceva. »

« Un cliente?! »

« Sì, il ragionier Mastropasqua, capo centro della Magneti Marelli, pare che gliel'avesse raccontato un rappresentante della Honywell. » Nell'ufficio piombò un silenzio apocalittico. Livarotti si guardava la punta delle scarpe senza quasi respirare. Calia aveva assunto una faccia di circostanza, in modo da sembrare addolorato, mentre invece in cuor suo era molto eccitato per questo improvviso ruolo di testimone che gli era stato conferito; non vedeva l'ora di poter raccontare la cosa a tutta la IBM. Il dottor Bergami, con l'espressione tipica dei grandi condottieri nei momenti cruciali, riprese subito il controllo delle operazioni.

« Grazie Calia, lei può andare. »

Attese in silenzio l'uscita del ragioniere, poi schiacciò due volte il tastino rosso per chiamare la segretaria e disse:

« Livarotti, non c'è tempo da perdere! Io convoco la Direzione del Personale e tutta la linea responsabile. Non so se lei se ne rende conto, ma qui potrebbe saltare qualcuno! »

Livarotti se ne rendeva conto benissimo, anche perché aveva capito subito che quel « qualcuno » che poteva saltare era proprio lui. Avrebbe voluto replicare che le condizioni mentali del dottor Perrella non gli potevano essere addebitate, in quanto che i sintomi si erano manifestati ad appena ventiquattro ore di distanza dalla presa in carico del nominativo da parte sua. Purtroppo non poté profferire parola essendo entrata, proprio in quel momento, la segretaria del dottor Bergami.

« Signorina, per favore, scriva: da Bergami a Terzaghi, a Goretti, a Longhi, a Casandrini, a Vecchi e a Livarotti. Oggetto: caso Perrella. No, no, è meglio essere più generici, non si sa mai. Scriva così: oggetto, regole di comportamento all'interno della Società. Lunedì 15 prossimo venturo, alle 9.30, nella sala A del decimo piano, avrà luogo una riunione sull'argomento in oggetto. È gradita la sua presenza. Distinti saluti. La faccia riservata personale così capiscono che si tratta di una cosa importante. »

XII

« Zio Cardellino, hai la febbre? »

« Perché pensi che abbia la febbre? »

« Non sei malato? »

« Chi ti ha detto che sono malato? »

« Me lo ha detto Maurizio. »

« E chi è Maurizio? »

« Un mio amichetto di scuola. Ha detto che pure lui una volta ha avuto uno zio che era un uccello; e poi ha detto che questo zio uccello è morto perché quando gli uccelli sono troppo grandi soffrono a stare in casa e allora debbono per forza morire. Tu soffri di stare in casa, zio Cardellino? »

« Un pochino sì. »

« Oh, zio Cardellino, per favore, non morire. »

« Non ti preoccupare, » disse Luca ridendo « cercherò di vivere più a lungo possibile. »

« È vero che gli uccelli vivono di meno degli uomini? »

« Tutti gli animali vivono meno degli uomini, ad eccezione, credo, delle tartarughe e degli elefanti. »

« Senti, zio Cardellino, tu devi chiedere a Fiocco Rosso se è vero che gli uccelli possono morire solo di notte. Dice Maurizio che muoiono la notte perché così la mattina presto vengono gli spazzini e li portano via. »

« A me queste cose Fiocco Rosso me le ha già raccontate. »

« E allora è vero quello che ha detto Maurizio? »

« No che non è vero: gli uccelli, quando stanno per morire, hanno un permesso speciale da Gesù per volare dritti verso il cielo, così... in verticale. Ecco perché non si vedono mai in giro uccelli morti, altrimenti ne dovremmo trovare milioni ogni giorno per terra. »

« E Fiocco Rosso è molto vecchio? »

« Sì, è il più vecchio di tutti i picchi che stanno a Milano; mi ha detto che un giorno, prima di morire, m'insegnerà il segreto per volare. »

« Tu non hai mai volato, vero? »

Luca non rispose: chiuse gli occhi come per concentrarsi su un vecchio ricordo, poi prese Chicca tra le braccia e la fece sedere a cavalcioni sulle sue gambe.

« Zio Cardellino, tu non hai mai volato, vero? » ripeté Chicca, convinta che lo zio, prima, non l'avesse sentita.

« Sì, una volta sola. »

« Racconta zio, raccontami di quella volta che hai volato! »

« È un fatto strano che è successo tanti, ma tanti anni fa: io avevo diciotto anni... »

« Come Vittorio? »

« Sì, e vivevo a Napoli. Un giorno all'uscita della scuola vidi una ragazza bellissima: aveva i capelli neri, gli occhi verde oliva e un vestito celeste a quadrettini. Questa ragazza scese di corsa le scale della scuola e mi finì addosso facendomi cadere per terra: tutti i libri, i suoi e i miei, si sparpagliarono in giro. Allora lei mi disse che ero uno stupido, perché l'avevo vista benissimo che stava correndo e non mi ero scansato; e io non ebbi il coraggio di rispondere perché aveva proprio ragione: l'avevo vista ed ero rimasto imbambolato! »

« Come si chiamava questa ragazza? »

« Si chiamava Simonetta e faceva la prima liceo, io invece ero in terza liceo e quell'anno lì avrei dovuto sostenere gli esami di maturità. »

« E poi che successe? »

« Dopo quella volta diventammo amici: io l'aspettavo ogni giorno all'uscita della scuola ed ero felice. Una volta andammo su una collina che si chiamava "i Camaldoli" e un'altra volta, era ancora inverno, scendemmo in una spiaggetta piena di sassi e aspettammo il tramonto. Non ricordo di aver mai visto il sole più grande e più rosso di quella volta lì. Poi arrivò la primavera e Simonetta diventò ancora più bella. Lei mi disse che conosceva una villa piena di fiori e che quella villa era chiusa perché apparteneva a una principessa che abitava fuori Napoli. Mi disse che se avessi dato dieci sigarette al custode, questo ci avrebbe fatti entrare. Il custode si chiamava Salvatore, prendeva dieci sigarette per un'ora o un pacchetto di americane per tutto il pomeriggio. Ogni volta che entravo mi diceva: *"Trase peccerì, c'a vita è 'nu muorzo! Però si quaccuno te spia comme si trasuto, dille accussì ca si zumpato 'a copp' 'o canciello, e ricordate peccerì, ca io a tte nun te cunosco!"*. »

« Non ho capito, zio Cardellino, che diceva Salvatore? »

« Mi diceva: entra, che la vita è breve! Però se qualcuno ti domanda come hai fatto a entrare, tu digli che hai scavalcato il cancello e ricordati che io non ti conosco. »

« E com'era questa villa? »

« Come un giardino fatato! Una mattina, era il 16 maggio, io e Simonetta non eravamo andati a scuola. Entrammo nella villa e ci sdraiammo su un prato tutto coperto di margherite. Simonetta mi abbracciò e poi mi disse: "Adesso t'insegnerò a volare! Su questo prato c'è una margherita che da lontano sembra uguale alle altre e che da vicino, invece, ha tutti i petali di colore diverso. È difficile trovarla perché i suoi colori sono molto tenui e con la luce abbagliante del sole sembra bianca. Se trovi due di queste margherite t'insegnerò a volare". »

« E tu le trovasti le margherite? »

« Sì, anche perché, proprio in quel momento, Simonetta mi dette un bacio e io chiusi gli occhi; quando li riaprii vidi, davanti a me sul prato, due margheritine colorate: avevano i petali rosa, celeste, verde chiaro, giallino e poi ancora un'altra sfumatura di rosa e poi ancora celeste più chiaro. Simonetta mi disse che per volare bisognava mettersi queste margherite tra i capelli e tenersi per mano con le dita intrecciate. »

« E volaste insieme? »

« Volammo tutto il giorno e sotto di noi il mondo ci sembrava piccolo e lontano. »

« E poi che successe? »

« Poi successero tante brutte cose: Simonetta aveva una sorella gemella, identica a lei come aspetto, ma molto cattiva. La gemella seppe che Simonetta era venuta con me nel giardino della principessa e fu presa dalla gelosia. Una sera che, a casa loro, erano scese in cantina, la sorella cattiva riuscì a chiudere Simonetta in una stanza buia e a tenerla prigioniera per non so quanto tempo. Approfittando del fatto che nessuno la poteva riconoscere, prese il suo posto a scuola. Solo guardandola bene negli occhi si sarebbe potuto capire che non era lei, e non per il colore, che era lo stesso, ma perché gli occhi di Simonetta erano dolcissimi e quelli della gemella freddi e cattivi. »

« Tu te ne accorgesti subito che non era Simonetta? »

« Non subito, purtroppo! La gemella mi portò anche lei nel giardino della principessa e, all'inizio, si mostrò carina e gentile. Anzi, fu proprio lei a trovare le margherite fatate e a mettermene una fra i capelli. Poi mi prese per mano e mi disse: "Vieni amore mio, vieni a volare con me". Stavamo volando appena da pochi minuti, quando mi volle dare un bacio. Fu in quel momento che io, guardandola negli occhi, mi accorsi che non era più Simonetta. Troppo tardi: mentre si accostava per il bacio, mi strappò la margherita dai capelli e mi lasciò cadere nel vuoto. »

« Ti facesti male, zio Cardellino? »

« Moltissimo. »

« E Salvatore ti aiutò? »

« Mi disse di non preoccuparmi perché era solo questione di tempo. Allora io gli chiesi quanto tempo ci sarebbe voluto per guarire e lui, dopo averci pensato un po' mi disse: *"Peccerì, a passà non passa, ci si abitua"*. »

XIII

« Signori buongiorno, ho convocato questa riunione per discutere il caso Perrella. È inutile dirvi che non si esce da questa stanza se non si è presa una decisione in merito. »

Il tono di Bergami era perentorio. Presenti alla riunione, oltre allo stesso Bergami e all'ingegner Livarotti, cinque dirigenti della IBM ITALIA e precisamente: Terzaghi (Direttore del Personale), Casandrini (vice di Terzaghi), Goretti (Direttore dello Staff), Vecchi (vice di Goretti e capo di Livarotti) e Longhi (Direttore dei Sistemi di Sicurezza).

« Dunque, » continuò Bergami « l'argomento all'ordine del giorno è noto a tutti i presenti. Uno dei nostri capi, il dottor Perrella del Servizio Previsioni... a proposito chi è che a suo tempo ha proposto Perrella come capo? Non sarà stato mica lei Livarotti? »

« No, per carità, dottor Bergami, non sono stato io. »

« Sarà... » disse Bergami sospirando « dunque stavo dicendo: un nostro capo, il dottor Perrella, da qualche mese ha un comportamento atipico durante le ore di lavoro; in parole povere, questo Perrella emette con la bocca una serie di suoni molto simili a cinguettii di uccello. Ho detto bene Livarotti? »

« Sì, proprio così: Perrella cinguetta. »

« Purtroppo, quando il fenomeno si manifestò per la prima volta, Livarotti non riuscì a circoscrivere l'incidente... »

« Veramente io... »

« Livarotti stia zitto » lo interruppe Bergami. « Stavo dicendo che in quella occasione Livarotti perse la testa e finì col dare troppo importanza alla cosa, con il risultato di farla subito diventare il fatto del giorno in tutta la Società: a mensa, ricordo, non si parlava d'altro. Ora la situazione si è ulteriormente aggravata: la notizia è addirittura uscita fuori dall'ambito aziendale e viene utilizzata come argomento di conversazione dai rappresentanti della concorrenza per intrattenere i nostri clienti. »

« Siamo sicuri di questo? » chiese Longhi dei Sistemi di Sicurezza.

« Sicurissimi. »

« È quindi evidente » concluse Longhi « che c'è qualcuno del gruppo Servizio Previsioni che va raccontando in giro quello che accade all'interno dell'azienda. »

« Longhi, per favore, non interrompa! » lo zittì Bergami. « Non è questo il problema: per chi non lo avesse ancora capito, qui bisogna trovare un'idea per toglierci dai coglioni questo Perrella! »

« È stato suggerito al Perrella di prendersi un periodo di riposo per malattia? » chiese Goretti.

« Sì, ci ha già provato Livarotti in tutte le maniere: il nostro uomo rifiuta di mettersi in malattia e non vuole nemmeno prendersi le ferie arretrate. »

« Signori miei, » esplose Livarotti che ormai non ce la faceva più a stare zitto « qui non bisogna dimenticare che il soggetto in questione nega, ripeto nega, di aver mai cinguettato in ufficio. Come faccio a dirgli: "lei è malato, si faccia curare"? »

« E dal punto di vista lavoro? »

« Irreprensibile » rispose Livarotti. « Sempre puntuale e sempre preciso nei suoi adempimenti. »

« Dottor Terzaghi, » disse Bergami interrompendo, come sempre, il povero Livarotti « qual è l'opinione della Direzione del Personale? »

« Signori, » cominciò Terzaghi con la voce di chi sta leggendo un articolo del codice « dal punto di vista contrattuale, l'anomalia addebitata al dottor Perrella può essere considerata sotto due ottiche diverse: o insubordinazione o malattia. Procediamo con calma. Nel primo caso, la prassi, secondo quanto previsto dal contratto di lavoro, 14 aprile 1978, prevede la seguente serie di provvedimenti: a) richiamo verbale, b) richiamo scritto, c) multa non superiore a tre ore di retribuzione, d) licenziamento, con o senza preavviso, in funzione della gravità dell'insubordinazione. A quanto mi è stato riferito dai miei collaboratori, l'ingegner Livarotti, dopo alcuni richiami verbali che non hanno sortito alcun effetto, ha inviato un richiamo scritto al dottor Perrella che, nel termine previsto di cinque giorni, ha regolarmente risposto. Ragionier Casandrini, per favore, legga il richiamo e la relativa risposta. »

« Subito, dottore » disse Casandrini cercando tra i numerosi fogli che aveva davanti. « Ecco qua: "Da Livarotti a Perrella e per conoscenza a Vecchi, Goretti eccetera eccetera. Oggetto: richiamo scritto. Con la presente... eccetera eccetera... La si invita a mantenere durante le ore di lavoro un comportamento più in linea con gli standard della Società. Distinti saluti". E questa è la risposta di Perrella: "Da Perrella a Livarotti e per conoscenza eccetera eccetera. In risposta alla sua... eccetera eccetera... desidererei sapere quali sono gli standard della Società". »

« E lei che ha risposto? »

« Niente, » disse Livarotti « che dovevo rispondere? »

« Come niente? »

« Ma come si fa a dire quali sono gli standard della Società?! »

« Intanto, » precisò Terzaghi « a seguito della mancata risposta da parte dell'ingegner Livarotti, non è stato possibile proseguire nell'iter del licenziamento, per cui, sempre che si voglia seguire la linea dura, bisognerà ripartire con un secondo richiamo scritto, questa volta, mi auguro, maggiormente documentato. »

« A proposito, » disse Livarotti abbassando la voce « durante l'ultima riunione ho portato con me il registratore a cassette di mia figlia, nella speranza di ottenere una documentazione del disturbo, sennonché, proprio quella volta, il dottor Perrella... »

« Livarotti!!! Ma è impazzito?! » gridò Terzaghi. « Lei dimentica che lo Statuto dei Lavoratori, legge 300, 20 maggio '70, articolo 4, dice testualmente: "È vietato l'uso di impianti audiovisivi e di altre apparecchiature per finalità di controllo a distanza delle attività dei lavoratori". Non si dimentichi, Livarotti, che lei lavora alla IBM! »

Tutti guardarono severamente Livarotti che, per nulla intimidito, borbottò tra sé e sé:

« D'accordo, d'accordo, però poi non vi lamentate se un giorno o l'altro, con questo Statuto dei Lavoratori, finiremo tutti in mezzo a una strada! »

« Caro Livarotti, mi meraviglio di lei » disse Bergami. « Sono tanti anni che lavora con noi e non sa che una delle prime regole della IBM è il rispetto per la privacy dei collaboratori. Ma ritorniamo al nostro problema: dunque, abbandonata la strada dell'insubordinazione, non rimane che l'ipotesi della malattia mentale. Ho ritenuto opportuno far prelevare dai cassetti della scrivania del dottor Perrella dei fogli di appunti che adesso mi dovrebbero portare; un attimo per favore. »

Bergami chiamò al telefono la segretaria e le disse di fare entrare la persona incaricata. Dopo un paio di minuti comparve Giannantonio, il sergente del Servizio Previsioni.

« Ecco i documenti, dottore » disse Giannantonio, evitando d'incrociare lo sguardo di Livarotti che, nel frattempo, cercava di fulminarlo a distanza.

« Sono gli originali? »

« No, sono le fotocopie. »

« Dunque, vediamo un po', » disse Bergami « qui c'è un disegno, tu che ne dici Goretti? »

« A me sembra una gabbia senza uccelli. »

« Posso vedere? » s'intromise Vecchi. « Scusate, ma a me queste sembrano solo le fincature per un prospetto statistico. »

« Qui c'è un elenco di cose da fare » proseguì Bergami. « Ve lo leggo: pagare il telefono, fare relazione mensile, scrivere professore Pellegrini, montare ossi di seppia... Ossi di seppia?! Ma... gli ossi di seppia non sono quelli che si mettono nelle gabbie dei canarini? Vuoi vedere che questo maledetto Perrella vuole piazzare in ufficio degli ossi di seppia?! »

« Dottor Bergami, mi scusi, » intervenne ancora Vecchi « ma io qua leggo: Montale, *Ossi di seppia*. Credo che si alluda al poeta. »

« A proposito di poeti: qui abbiamo alcune poesie che il nostro dottor Perrella si diletta a scrivere durante le ore di lavoro. Io direi di farle leggere a Livarotti che, come suo capo, ne è in un certo senso responsabile. »

Livarotti prese il foglio che Bergami gli porgeva e si contorse sulla poltrona in segno di disagio: era evidente che quello stronzo non gli aveva mai perdonato di essere stato suo compagno alla scuola elementare. Ancora una volta pensò al cazzotto che non gli aveva mai dato; dopo di che cercò di concentrarsi per poter meglio leggere quella stramaledetta poesia.

« Sognavo donne color nocciola / Gauguin / costellazioni capovolte / mango e papaia / Ho invece un forno elettrico / dalle parti della stazione / e vendo pizze a quadri / a rettangoli / e dico: signore, / la mangia così / o la scaldo? »

« Che significa? »

« Boh? » rispose Terzaghi. « A meno che il Perrella non abbia aperto, come seconda attività, una di quelle pizzerie con il forno elettrico, nel qual caso noi potremmo... »

« Io la trovo chiarissima » disse Vecchi. « Qui l'autore dice di aver sempre sognato una vita ricca di avventure e di essere finito, invece, in una pizzeria a vendere pizze a taglio. »

« Sbaglio o le pizze sarebbero i calcolatori IBM? » chiese Goretti.

« Questo è sicuro, » disse ancora Vecchi « anzi è evidente l'analogia tra la facilità con cui è possibile ritagliare pezzi di focaccia di varia grandezza e la modularità dei nostri sistemi. Per quanto riguarda poi la frase "signore, la mangia così o la scaldo?", penso che il poeta voglia alludere alla monotonia del suo lavoro. »

« Qui c'è un altro capolavoro poetico » disse Bergami. « Forza Livarotti, legga, legga! Debbo ammettere che lei, come lettore di poesie, non è niente male. »

Nuovo sospiro di Livarotti.

« Sale la notte / una alla volta / si spengono le finestre / dormono gli amanti / Sette stelle son rimaste / a guardare / un pezzente ottimista / che gioca a moscacieca da solo / in una piazza deserta. »

« Con tutto il rispetto per il poeta, » sbottò Terzaghi « questa mi sembra proprio una belinata! »

« Signori, » intervenne Longhi dei Sistemi di Sicurezza, « io finora non ho ancora espresso la mia opinione, ma temo che esista una terza ipotesi di lavoro. »

« E sarebbe? »

« Quella dello spionaggio industriale. Queste frasi, apparentemente senza significato, potrebbero essere messaggi in codice! »

Longhi era un fissato dello spionaggio industriale: fosse stato per lui, avrebbe perquisito, ogni sera, tutti i dipendenti IBM. Uno dei suoi passatempi preferiti era quello di fare un giro per gli uffici, dopo l'ora di chiusura, per rovistare nei cestini della carta straccia. Granelli lo aveva soprannominato il « dottor Monnezza ».

« Come da me più volte segnalato a tutta la linea interessata in una riservata personale, » continuò implacabile Longhi « nella filiale di Napoli è stato registrato un forte calo nelle vendite DCS e ciò a seguito del passaggio di molti nostri clienti a Centri Servizi privati della zona. Ci si domanda allora: come ha fatto la concorrenza ad avere gli elenchi della nostra utenza DCS? E poi: perché proprio a Napoli dove invece, secondo le statistiche di sviluppo emesse dagli uomini di Livarotti, era stato previsto un mercato in espansione? La fuga di notizie non può essere avvenuta che dalla Direzione Vendite DCS o dal Servizio Previsioni. Ora, correggetemi se sbaglio: questo Perrella non è forse originario di Napoli? »

« Longhi, mi scusi, » si spazientì Vecchi « ma io credo che lo spionaggio industriale in questo caso c'entri come il cavolo a merenda! La prima regola di comportamento di una spia è quella di non dare nell'occhio e qui Perrella invece... »

« Forse proprio per allontanare i sospetti da lui » insisté Longhi.

« Prego signori, un po' di silenzio! » tagliò corto Bergami « siamo noi che ci stiamo allontanando dalla soluzione. Dunque, da quello che si è capito, scartata l'ipotesi dell'insubordinazione, non ci resta che la malattia, e, dal momento che l'unica persona a cui non si può dire "tu sei pazzo" è proprio il pazzo, non resta che prendere contatti con qualcuno della famiglia. Se Perrella cinguetta in ufficio, probabilmente cinguetterà anche a casa. Insomma, se saremo costretti a usare la forza, dovremo assolutamente ottenere da Perrella le dimissioni volontarie. Questa soluzione potrebbe essere facilitata attraverso una incentivazione economica che la IBM ITALIA, in via di liberalità, elargirebbe per venire incontro a un suo ex dipendente in un momento difficile. Problema numero uno: trovare l'interlocutore adatto. Livarotti, lei ha mai conosciuto la moglie del dottor Perrella? »

« Sì, in un *family dinner*. A dir la verità, mi è sembrata un tipo alquanto snob. Comunque non è che la conosca bene. Ho invece avuto contatti di lavoro con il cognato. »

« Che tipo è? »

« Diciamo pure un intrallazzatore, un affarista. »

« Quindi per noi sarebbe il tipo ideale. »

« Be', non proprio » rispose Livarotti. « È una persona di pochi scrupoli. Quando ero direttore di filiale a Verona, si offrì come consulente in una trattativa per un 370 alla Regione e, senza mezzi termini, mi comunicò che per vincere la gara avremmo dovuto scucire una bustarella di cinquanta milioni. Alla mia affermazione che la IBM era nota in tutto il mondo per non aver mai fatto ricorso alla corruzione nelle sue trattative di vendita, lui, per tutta risposta, si offrì di dare anche a me cinque milioni se mi fossi dato da fare. Ecco, questo è il tipo! »

« A me invece sembra proprio la persona adatta per mandare in porto un'operazione come la nostra » concluse Bergami. « Provveda a contattarlo, e con questo dichiaro sciolta la riunione. »

Tutti si alzarono contemporaneamente: Terzaghi si precipitò al telefono, Livarotti si versò un bicchiere di acqua minerale, Longhi, un po' contrariato per essere stato snobbato da Bergami, prese sotto braccio Casandrini e si allontanò dicendo:

« Vede ragioniere, la mia ipotesi è questa: una frase come "Sale la notte, sette stelle son rimaste a guardare" potrebbe significare, in codice, "attenzione, la IBM sta per aumentare i canoni di locazione del 7 per cento". Ora, non a caso, il prossimo aumento dei canoni è proprio de! 7 per cento! Certo, sono ipotesi che vanno verificate nei dettagli... »

XIV

Da quella volta che era stato a villa Pamphili con il professore, Luca non era più riuscito a fare a meno degli alberi. Non appena tornò a Milano, si mise alla ricerca di un albero « amico », con cui avere un rapporto quotidiano d'intesa. Colpito dalla bellezza della tamerice vista a Roma, cercò di trovarne una simile a Milano, ma non ebbe fortuna: si recò al Parco Lambro, al Parco Sempione, al Parco Forlanini e perfino alla Villa Reale di Monza senza riuscire a vederne nemmeno una. La maggior parte delle persone a cui si rivolse per avere informazioni, ne ignorava anche l'esistenza. A un certo punto rinunziò alla tamerice e si ricordò di un albero che aveva notato nei Giardini Pubblici di Milano: l'aveva archiviato nella memoria come « l'albero d'oro » a causa del colore delle foglie.

Giunto ai Giardini Pubblici, scoprì che la pianta in questione era un frassino e che era d'oro solo nel periodo autunnale. Lo scelse ugualmente come albero « amico » e prese l'abitudine di andarlo a « trovare » ogni sera, dopo l'orario d'ufficio. Proprio di fronte al frassino c'era una panchina e verso le sei il posto era sufficientemente tranquillo. Il problema nasceva la mattina, quando i Giardini Pubblici venivano letteralmente invasi da torme di ragazzini, da mamme e da bambinaie di colore. Quel giorno, poi, il tempo incerto aveva convinto molte famiglie a rinunziare al week-end e, per quanto girasse intorno al frassino, non gli riuscì di trovare una panchina libera. Tra l'altro a casa aveva ricevuto un lettera dal professor Pellegrini che, volutamente, non aveva ancora aperto, proprio per poterla leggere in un ambiente più consono alla prosa del suo amico.

Dopo aver gironzolato un po' per i viali, in attesa che si liberasse la sua panchina preferita, decise di sedersi per terra, sul prato, accanto a una siepe di bosso. Si tolse la lettera di tasca e si mise a leggere.

Carissimo ed esimio dottore,
Le assicuro che quando Ella mi ha telefonato per comunicarmi di aver scelto quale compagno dei suoi pensieri un frassino, ho avvertito nel mio cuore una profonda commozione. Pensi un po', un frassino! Fraxinus excelsior, come dicevano i nostri avi romani! Il frassino è l'albero più amato nelle vecchie leggende vichinghe: si racconta che i suoi rami arrivino più in alto dei cieli e che le sue radici siano più profonde degli inferi, si dice che un'aquila sia sempre di vedetta sulla sua cima e che un drago faccia la guardia ai suoi piedi, e che tra l'uno e l'altra, uno scoiattolo fulvo si arrampichi continuamente su e giù per il tronco. Ma la più bella delle storie sul frassino Lei la troverà nei poemi islandesi dell'Edda: la storia di Yggdrasil.
Cantavano gli scaldi del XIII secolo che in Islanda, tra i ghiacciai eterni, c'è un lago inaccessibile tutto circondato da boschi e che sulle rive di questo lago si erge Yggdrasil, il frassino più alto del mondo. La valle di Yggdrasil è abitata da una tribù di elfi che hanno il compito di lavare continuamente la luna. Ogni notte gli elfi si arrampicano sui rami del grande frassino e portano giù uno spicchio di luna, ogni notte un pezzetto di luna viene lavato dalle donne degli elfi e poi messo ad asciugare sulle rive del lago. Terminata la loro fatica, gli elfi lavatori riportano in cielo, sempre uno spicchio alla volta, tutti i pezzi, e la luna ritorna a splendere più bella e più lucente di prima. Nessun essere umano ha mai visto il lago di Yggdrasil, però si dice che alcuni aviatori, sorvolando ad alta quota i cieli di Islanda, abbiano visto tra i boschi risplendere qualcosa di molto simile a un quarto di luna.
Nella speranza di rivederla ancora qui a Roma e di poter andare

con lei di nuovo a villa Pamphili. La saluto caramente e La prego
di porgere i miei più deferenti ossequi alla Sua signora.

Gianbattista Pellegrini

Luca ripose con cura la lettera in tasca e tirò fuori una
bustina di carta. Ogni mattina, proprio lì dov'era seduto,
arrivavano alcuni passerotti e lui aveva preso l'abitudine
di portare loro un po' di mangime. Purtroppo il vialetto era
stato occupato da una bambina che non faceva altro che
correre e lanciare una palla contro dei birilli di plastica.
Luca cominciò a spargere il mangime e subito dopo compar-
vero i primi passerotti. Gli uccellini però, quella mattina,
non si avvicinarono molto, compivano solo rapide incursio-
ni: due saltelli, una beccatina e via, di nuovo al sicuro tra gli
alberi. Luca era certo di essere stato riconosciuto, ma per
paura della palla, i passerotti non si erano fermati più dello
stretto necessario. Non che la bambina non fosse graziosa,
anzi, ma, vista da un passerotto, quella bambina era un mostro, una specie di King Kong. Assorto in queste considera-
zioni, Luca, istintivamente, si addentrò nella siepe che gli
stava vicino e cercò di accucciarsi in modo da poter guardare
il viale dalla più bassa angolazione possibile, come se fosse un passero.

« Mamma, mamma, un uomo cattivo! Là, sotto quel cespuglio! »

A questo punto gli avvenimenti precipitarono: nel giro
di pochi secondi Luca fu circondato da uno stuolo di
donne inferocite che gridavano tutte contemporaneamente:

« Si vergogni! »

« Chiamate un vigile! »

« Sporcaccione! »

« Ma che stava facendo? »

« Depravato! »

« Per certa gente ci vorrebbe la pena di morte! »

Luca si acquattò ancora di più sotto la siepe nella speranza assurda di potersi mimetizzare. Per sua fortuna arrivarono sul serio due agenti di Pubblica Sicurezza e uno di essi si chinò ad afferrarlo per un braccio. L'intervento della Legge eccitò ulteriormente il gruppo delle mamme che, a questo punto, cercò di fare giustizia sommaria. Gli agenti lo difesero con molta energia, dando spintoni e gridando a più non posso:

« Circolare, circolare, non è successo niente! Prego circolare, restino qui i soli testimoni. » Poi, rivolti verso Luca: « Cosa stava facendo nei cespugli? ».

« Niente, guardavo quella bambina. »

La risposta indignò ancora di più alcune signore, che tentarono un nuovo assalto contro il bruto.

« Accovacciato tra le piante? » chiese uno degli agenti dopo aver dato uno sguardo ai pantaloni di Luca per vedere se fossero sbottonati.

« Sì, accovacciato tra le piante. »

La bambina, spaventata dalla confusione che lei stessa aveva provocato, singhiozzava perdutamente tra le braccia della mamma.

« Che cosa ti ha fatto questo signore? » le chiese un agente.

« Mi ha fatto paura » rispose la bambina, e scoppiò in un pianto dirotto tra l'indignazione di tutti i presenti.

« Mi mostri i suoi documenti » ordinò un agente a Luca.

« *Crì crì crì crì... crucrì crucrì... crì crì crì cruriìì.* »

Mezz'ora dopo era seduto davanti a un commissario di polizia. La mamma e la bambina si erano rifiutate di venire a testimoniare perché la piccola, aveva detto la madre, « è ancora sotto choc ». Il commissario era un bonaccione e, a differenza dei suoi agenti, era convinto che Luca fosse più uno squilibrato che un esibizionista. Dalla lettera del professor Pellegrini, trovatagli nelle tasche, riuscirono a risalire al suo indirizzo e successivamente, con un po' di fatica, al suo numero telefonico. Fu avvisata la moglie.

« Senta, dottor Perrella, » gli disse il commissario in tono bonario « fino a questo momento una vera e propria accusa di atti osceni in luogo pubblico nessuno gliel'ha fatta, quindi, sia ragionevole: mi metta una firma su questo verbalino dove dichiara di essersi accovacciato tra i cespugli dei Giardini Pubblici perché spinto da un improvviso e irrimandabile bisogno corporale, e io la rilascio immediatamente. Non ha che da pagare una piccolissima multa e l'incidente è chiuso. »

Luca non rispose. Da quando aveva messo piede nel commissariato si era rifiutato di profferire parola. Era nello stato d'animo di chi viene offeso da qualcosa di terribile. Probabilmente lo aveva colpito la sicurezza con cui tutta la gente dei Giardini era pronta a giurare che fosse un maniaco sessuale.

« Dottor Perrella, mi sente? » tornò alla carica il commissario. « Le ripeto la dichiarazione che mi dovrebbe firmare: "Il sottoscritto, Perrella Luca, fu Alfonso, nato a Napoli il 20/5/38, e domiciliato a Milano in Via Mario Pagano 25, dichiara che alle 10,30 di oggi 4/6/80, all'interno dei Giardini Pubblici di Milano, è stato costretto da un improrogabile bisogno corporale ad appartarsi dietro un cespuglio di detti Giardini. In fede...". Ecco qui, mi mette una firmetta e io la faccio accompagnare a casa. »

Luca non rispose. Vide arrivare prima la moglie accompagnata dal barone Candiani, poi la contessa Marangoni con un suo amico avvocato, infine il cognato che, ruotando l'indice all'altezza della tempia, faceva ampi segni al commissario per sottolineare che il Perrella non aveva tutte le rotelle a posto. Tutti parlavano contemporaneamente, ognuno cercando a suo modo di convincere Luca a confessare l'improrogabile bisogno, ma non ci fu nulla da fare: fu irremovibile, avrebbe accettato l'ergastolo piuttosto che mentire! Nel frattempo, via telefono, a intervalli di un quarto d'ora l'una dall'altra, giunsero le raccomandazioni precedentemente scatenate dalla contessa Marangoni. Prima un vice questore, poi il generale Castagna e infine addirittura un prefetto dal Ministero degli Interni di Roma, misero quasi sotto accusa il commissario.

« Senz'altro Eccellenza... sarà fatto » rispondeva il commissario. « No, non c'è stata alcuna denunzia... non è in stato d'arresto... è solo un... è solo un fermo per accertamenti... senz'altro Eccellenza, senz'altro... la ossequio. »

Mentre il commissario era impegnato a difendersi dai pezzi grossi del Ministero, accadde un fatto curioso: Luca, voltandosi di scatto, si accorse che il barone Candiani aveva cinto con il braccio la vita di Elisabetta e, con molta nonchalance, le accarezzava il seno con la punta delle dita. Probabilmente, pensò Luca, la telefonata del commissario doveva aver interrotto un idillio. Altrimenti non si spiegava cosa fosse venuto a fare il barone Candiani alle undici di mattina a casa sua. Lui era uscito, il cognato pure, i ragazzi erano andati con Maricò a Rapallo dagli zii... e loro erano rimasti soli... sì, erano rimasti soli a tubare... come due colombi! Questa *love story*, fatta d'incontri in cucina e di *slam* falliti per non aver battuto gli *atout*, gli fece rivedere tutti i suoi giudizi sulla moglie. Anche se adultera, l'aver ceduto a un sentimento d'amore la riabilitava dall'accusa di essere solo una mezza calza dedita al consumismo e alla mondanità. Peccato che il barone Candiani fosse un uomo così repellente!

« E su, firma e non fare tante storie! » lo investì Elisabetta, sciogliendosi dall'abbraccio del barone.

Luca, per tutta risposta, si alzò in piedi, incrociò le braccia e mise le mani sotto le ascelle come a sottolineare che non avrebbe firmato proprio niente. Tutti allora si dettero un gran da fare per convincerlo: le esortazioni andavano dal: « Su, dottore, non faccia il bambino » della contessa Marangoni, al: « Firma e non rompere i coglioni » del meno diplomatico Franco Del Sorbo. Quand'ecco, che, improvvisamente, Luca si decise a parlare:

« Voglio fare una dichiarazione. »

Tutti tacquero e restarono in attesa. Il commissario andò di nuovo a sedersi dietro la scrivania e prese penna e carta, pronto a trascrivere la dichiarazione di Luca.

« Prego, dottore, dica pure. »

Luca dette un colpetto di tosse per schiarirsi la voce, poi fece:

« *Crì crì crì crì crì... crucrì crucrì... crì crì crucrìììì.* »

Quindi, saltellando come un passero, girò intorno ai presenti finché, giunto alle spalle del barone Candiani, gli sferrò un calcione nel didietro.

XV

« Lei mi deve scusare, » disse Livarotti « se le ho dato appuntamento qui in Galleria, ma, come si renderà contro fra poco, il mio ufficio non sarebbe stato il luogo più adatto per discutere un argomento delicato come quello che sto per affrontare. »

« Non si preoccupi minimamente, » gli rispose Franco Del Sorbo « sono una persona che non si è mai posta problemi di forma, e poi, a parte tutto, mi ritenga, qui e altrove, sempre a sua completa disposizione. »

« Volevo dirle » continuò Livarotti col suo fare un po' pretesco « che se ho preferito incontrarla in un bar piuttosto che nel mio ufficio, è stato per evitare ogni... »

« La capisco perfettamente, » lo interruppe Del Sorbo « ma le ripeto, ingegnere: non si preoccupi e veniamo al sodo. Mi dica piuttosto: che c'è da fare? »

« Vorrei premettere che l'iniziativa di questo colloquio, per il momento, è soltanto mia, anche se nulla esclude che in seguito la Società possa condividere le mie posizioni. »

« Senta Livarotti, lei è troppo scrupoloso! Mi consenta di ricordarle che il qui presente Franco Del Sorbo è innanzi tutto un uomo d'affari. E allora, qualsiasi possa essere la sua proposta, tenga presente due cose: primo, che sono una tomba, e secondo, che vivo e lascio vivere; in parole povere, caro Livarotti, se c'è da guadagnare qualcosa non sono il tipo che tiene tutto per sé. »

« Dottore, » disse Livarotti cercando di nascondere il disagio che gli procurava questo colloquio « temo che rimarrà deluso quando verrà a sapere il motivo del nostro incontro. »

« Be', » si spazientì Del Sorbo « se lei non si decide a dirmi qualcosa, certo che rimarrò deluso! »

In quel momento arrivò il cameriere a prendere gli ordini: Livarotti ordinò un rabarbaro e Del Sorbo un caffè. Erano le undici di mattina e i due si erano seduti, in Galleria, a un tavolino del Bar Zucca.

« Il problema è questo: » disse Livarotti non appena il cameriere andò via « come lei sa, suo cognato, il dottor Perrella, è uno dei miei collaboratori diretti. Premetto che il dottor Perrella è un ottimo dipendente della Società, preciso, puntuale, non politicizzato, insomma un'ottima persona; eppure in questi ultimi tempi ha un comportamento... come dire... anomalo... cioè non volevo dire anomalo... diciamo piuttosto insolito... ecco, proprio così: un comportamento insolito. »

« Ho capito: lei vuole dire che mio cognato, di tanto in tanto, si fa una fischiatina? »

« Ecco, proprio questo volevo dire. Mi fa piacere che anche voi della famiglia abbiate rilevato queste stranezze del dottor Perrella, perché così mi sarà più facile esporle le mie idee. »

« Ma cosa pensa che io possa fare? » chiese Del Sorbo. « Vuole forse che dica a mio cognato che non deve cinguettare? E secondo lei, quello poi mi sta a sentire? »

« No, dottore, però lei deve capire in che situazione si viene a trovare la Società: il comportamento di suo cognato, oggettivamente parlando, non è normale e forse anche la famiglia dovrebbe preoccuparsene di più, perché, se mai il fenomeno s'intensificasse, la IBM ITALIA potrebbe richiedere una perizia psichiatrica con tutte le conseguenze che un referto negativo potrebbe portare. »

« Che cosa mi vuole dire: che state per licenziarlo? »

« No, questo no; però se ci fosse, da parte di suo cognato, una decisione a rassegnare, volontariamente sia chiaro, le dimissioni, ecco, in questo caso io credo di poter dire che la Società, non solo non si opporrebbe, ma anzi verrebbe incontro al dipendente dimissionario elargendo, diciamo così, un compenso straordinario, fuori busta, di sua completa soddisfazione. »

« Fuori busta? Vuole dire soldi neri? »

« No, per carità, niente soldi neri! La parola "nero" in IBM non esiste. Se parlavo di compenso straordinario o, se preferisce, di fuori busta, era solo per non creare dei precedenti liquidativi all'interno dell'azienda, e poi, mi consenta, non sarebbe bello nemmeno per suo cognato che un domani si venisse a sapere che la IBM ITALIA ha pagato una superliquidazione per mandarlo via. »

Il cameriere interruppe nuovamente la conversazione e mise sul tavolino il rabarbaro e il caffè. Livarotti lo guardò con una certa preoccupazione: aveva appena pronunziato la parola « IBM » e Longhi nei corsi sui Comportamenti di Sicurezza gli aveva fatto una testa così perché in pubblico non si parlasse mai di problemi di ufficio.

« Quanto sarebbe questa liquidazione? » chiese Franco Del Sorbo a cui piaceva andare subito al sodo.

« Ho qui con me tutti i carteggi relativi alla liquidazione del dottor Perrella. » E Livarotti tirò fuori da una borsa di pelle di foca, marcata IBM, alcuni fogli zeppi di numeri. « Dunque, tra la liquidazione per i 18 anni lavorati in azienda e le mensilità del periodo di preavviso arriviamo alla bella cifra di 64 milioni. Ora, in via di eccezionale liberalità, la IBM sarebbe disposta ad arrotondare questa cifra a cento milioni, versando i 36 milioni in più quale compenso per una indagine statistica da concordare. È chiaro che, per quanto riguarda questo *job* fittizio, il dottor Perrella potrebbe non portarlo mai a termine, mentre invece i 36 milioni gli verrebbero versati subito con un assegno circolare dietro rilascio di regolare fattura, al netto dell'IVA e al lordo delle trattenute di legge. Tutto questo sempre che il dottor Perrella ci faccia pervenire, entro il mese in corso, la lettera di dimissioni. »

Franco Del Sorbo sbottò nella sua famosa risata popolana, tanto invisa alla contessa Marangoni, e per di più dette un pugno sul tavolino facendo traboccare il rabarbaro che il povero Livarotti non aveva ancora assaggiato.

« Caro il mio Livarotti, e voi per trenta miserabili milioncini vorreste togliervi da sopra lo stomaco un rompicoglioni del calibro di mio cognato! Ma si rende conto che Luca Perrella, modestamente, rappresenta una vera e propria minaccia per la rispettabilità di tutta la IBM? Lo sa che cosa ha combinato l'altro giorno ai Giardini Pubblici? »

« No, che ha fatto? »

« Lasciamo stare e torniamo ai nostri affari. Dunque, lei adesso torna in ufficio e dice ai suoi superiori che si preparino a sborsare almeno trecento milioni, uno sull'altro, mentre io m'impegno a convincere mia cognata, la signora Perrella, a farlo dimettere. »

« Trecento milioni!? Ma lei deve essere impazzito! Nemmeno il dottor Bergami prende una liquidazione di trecento milioni! »

« E ci credo! Non conosco questo Bergami, ma ritengo che sia una colonna portante dell'azienda, quindi non vedo perché dargli una così alta liquidazione per incoraggiarlo ad andarsene via. Nel caso di mio cognato, invece, voi eliminate un bubbone che potrebbe avere conseguenze oggi non valutabili. »

« Lei è troppo severo nei riguardi di suo cognato, e temo che in questo momento non stia facendo i suoi interessi. Nel caso infatti che si dovessero aggravare le condizioni psichiche del dottor Perrella, non è escluso che la Società, un brutto giorno, si veda costretta a procedere a un licenziamento per infermità mentale. »

« Che vi costerebbe di più di quanto non vi ho chiesto io » sogghignò Franco Del Sorbo. « Supponiamo che mentre si aggravano queste condizioni psichiche passi un anno, e che lei segnali l'inconveniente ai livelli superiori. Come prima cosa dovrete trovare qualcuno disposto a mettere la sua firma su una pratica di licenziamento nei riguardi di un lavoratore affetto da un disturbo nervoso, probabilmente contratto sul posto di lavoro. In secondo luogo, tenuto conto che il dottor Perrella assolve ai suoi compiti specifici in modo esemplare (è lei che lo ha detto), non sarà facile dimostrare l'infermità mentale. In ogni caso, anche se riusciste a ottenere un referto medico a voi favorevole, noi faremmo opposizione e vi trascineremmo in tribunale. Caro Livarotti, tra una cosa e l'altra passerebbero almeno tre anni, durante i quali voi continuereste a pagare lo stipendio regolarmente, mese dopo mese. Ora supponiamo che un dirigente alla IBM ITALIA guadagni sui trentasei milioni l'anno, mettiamoci i contributi e le spese generali, segretarie telefoni mensa eccetera eccetera, e arriviamo a un costo medio per l'azienda di ottanta milioni, mi corregga se sbaglio, moltiplichi tutto per tre, ci aggiunga i dodici mesi di preavviso e poi vede se non arriviamo ai trecento milioni di cui le parlavo io. »

Livarotti non rispose, francamente non si aspettava un Del Sorbo così agguerrito sull'argomento. Pensò con terrore a quando avrebbe dovuto riferire la richiesta al dottor Bergami. Trecento milioni! Stiamo scherzando? Per trecento milioni lui, Livarotti, non solo avrebbe cinguettato, ma si sarebbe messo a fare pure l'uovo.

« Anzi, sa che le dico? » infierì Del Sorbo. « Che trecento milioni, adesso che ci penso, non sono una cifra sufficiente a garantirci il futuro. »

« Che vuol dire? »

« Voglio dire questo: mettiamoci nei panni di mio cognato. Una volta andato via dalla IBM, Luca si troverà senza un lavoro e senza nessuna speranza di trovarne un altro... »

« Sì, però con trecento milioni in tasca (non che la IBM glieli darebbe mai) e trecento milioni significano qualcosa come quaranta milioni d'interesse l'anno, e mi scusi se è poco! »

« Una nuova crisi energetica, una bella botta d'inflazione e addio ai trecento milioni! Si ricorda di quando nel '23 in Germania con un miliardo ci si comprava sì e no un pacchetto di sigarette? »

« E allora? »

« Si potrebbe studiare una soluzione diversa, più economica per voi e più sicura per mio cognato: la cifra, per esempio, potrebbe essere ridotta a duecento milioni e in più gli si potrebbe dare la possibilità di guadagnarsi qualcosa lavorando. »

« E come? »

« A me risulta che la IBM, nel settore macchine da scrivere, non copre con la sua rete commerciale tutto il territorio nazionale, ma che per alcune province periferiche si avvale di subagenti. »

« Sì, effettivamente a volte, per motivi logistici, la Società ha preferito appaltare a privati le vendite in alcune province. »

« Benissimo, allora la mia proposta è questa: duecento milioni e la concessione per la vendita delle macchine da scrivere IBM alla ditta Del Sorbo-Perrella per le province del Nord Italia non coperte da una vostra filiale di vendita. »

« Si potrebbe studiare una soluzione del genere, lei però deve sapere che in questi casi la Società pretende delle garanzie tecnico-commerciali che... »

« ...che sarebbero ampiamente assicurate » disse Del Sorbo. « Dal punto di vista commerciale, non faccio per vantarmi, ho un'esperienza più che ventennale e dal punto di vista tecnico, sareste garantiti dalla presenza di un esperto come il dottor Perrella, tra l'altro vostro ex dirigente. Caro Livarotti, mi creda, lei in questo momento sta facendo fare alla IBM ITALIA un ottimo affare! »

« Sarà! » disse Livarotti guardando l'orologio. « Dottore, mi scusi ma si è fatto tardi; rimaniamo così: io riferirò le sue richieste e al più presto le farò sapere qualcosa. »

I due uomini si alzarono e si avviarono verso piazza del Duomo. Per un tratto di strada camminarono ancora insieme, poi, giunti a un ingresso della metropolitana, si salutarono.

Tornando in ufficio, Livarotti ripensò al colloquio appena avuto: la sensazione era quella di aver perso il primo round. D'accordo, avrebbe riferito a Bergami l'assurda pretesa dei trecento milioni, nel frattempo però non voleva rimetterci le consumazioni pagate al Bar Zucca: prese dalla tasca lo scontrino e, pensando alla prossima nota spese, lo rimise con cura nel portafoglio.

Le federe sulle poltrone, le pellicce e i gioielli in banca, il sacco del mare con le pinne e la maschera, gli abbronzanti e le creme di Maricò, i libri gialli di Elisabetta e, naturalmente, le carte per il bridge: l'importante era non dimenticare niente. Man mano che si avvicinava il giorno della partenza, la casa assumeva sempre più quell'aria spettrale che hanno le case quando vengono abbandonate per le ferie. Gli ultimi giorni furono dedicati agli acquisti « indispensabili » e questo non perché sul posto non avrebbero potuto trovare di tutto, ma perché, come diceva Maricò, una cosa è comprare a Milano dove si sa da chi si compra, e un'altra cosa è farsi spennare in villeggiatura come se fossero dei turisti.

« Luca, Lucaaa! Non stare lì senza far niente, santa pace di Dio! Cerca anche tu di renderti utile » gridò Elisabetta mentre cercava di far entrare in una valigia i regali acquistati per i parenti ricchi di Rapallo.

« Che debbo fare? »

« Che debbo fare, che debbo fare! A me nessuno me lo dice quello che debbo fare, però io lo faccio lo stesso! Capito? Che ne so io che devi fare: va' a controllare la macchina, l'olio, l'acqua, insomma quelle cose lì che poi quando ve ne ricordate siamo sempre sull'autostrada e ci fate morire di caldo in macchina. »

« A che ora si parte? »

« Franco dice che è meglio partire di pomeriggio: ci perdiamo un giorno di mare, però ne guadagniamo in salute. Figuriamoci poi oggi: è sabato, è il 2 agosto, ci sarà tutta Milano sull'autostrada! »

« Ogni estate è sempre la stessa storia » disse Maricò, anche lei impegnata con valigie e pacchettini. « Io non capisco perché voi due vi ostinate a non voler viaggiare la notte quando fa più fresco e non ci sono code sull'autostrada, tanto, per quello che riguarda Chicca, quella dorme comunque: in casa o in macchina fa lo stesso. A proposito dove sta Chicca? Chiccaaaa...! Luca, fammi un favore, cerca Chicca, va' con lei alla Standa, comprale una barca a vela, prendi quella che costa seimila lire e, mi raccomando, non farti convincere a comprare niente altro. Vai subito, così a mezzogiorno state di nuovo qui. »

Fu così che zio e nipote si avviarono alla Standa, reparto Mare, in cerca di una barca a vela. Qui però le cose non andarono secondo i desideri di Maricò: Chicca disse che la barca di seimila lire era bruttissima e che invece lei, il giorno prima, era stata « chiamata » da una barca a vela che aveva visto in un altro negozio.

« Zio Cardellino, ti giuro, ma è stato proprio così! Ieri io e mamma siamo passate davanti a un negozio di giocattoli di via Manzoni. Nella vetrina c'era una barca a vela bellissima che aveva pure la bandiera italiana. Appena mi ha visto, la barca si è messa a gridare: "prendimi, prendimi che voglio stare con te!". »

Fuori dal negozio ci fu la seconda impuntatura della giornata: Chicca, avuta la barca, la voleva veder navigare. Inutilmente Luca cercò di convincerla che in fondo si trattava di aspettare solo un giorno, il tempo di arrivare al mare; i Giardini Pubblici erano lì a due passi e la vasca della fontana esercitava un'attrazione troppo forte perché una bambina piccola come Chicca potesse aspettare ventiquattro ore. D'altra parte Luca, dal giorno dell'incidente, non aveva più messo piede ai Giardini e adesso temeva d'incontrare qualcuna di quelle megere che avevano tentato di linciarlo. Fece di tutto per dissuaderla, disse che si era fatto tardi, che la mamma si sarebbe arrabbiata, che forse a quell'ora erano già partiti per il mare senza di loro, ma non ci fu nulla da fare: andarono ai Giardini Pubblici, misero la barca nella vasca e la videro navigare trionfalmente tra la gioia di Chicca e l'invidia degli altri bambini.

Luca andò a sedersi su una panchina di fronte alla vasca, attese con ansia che la nipotina finisse di giocare e cercò, per quanto possibile, di non guardarsi mai intorno.

« Zio Cardellino, » disse Chicca sedendosi accanto a lui con la barca gocciolante tra le braccia « è vero che la mia barca è la più bella del mondo? »

« Sì, è molto bella, però ora andiamo via. »

« E tu zio pensi che una barca così ce la farebbe ad arrivare fino in Egitto? »

« Sicuro, ma non dovrebbe mai incontrare una tempesta. »

« Allora un uccellino piccolo piccolo come Fiocco Rosso, se si mettesse sulla barca, potrebbe arrivare fino in Egitto senza stancarsi. »

« Sì, però adesso andiamo a casa. »

« Senti, zio Cardellino, mi fai vedere qual è l'albero dove ha il nido Fiocco Rosso? »

« Non è qui l'albero di Fiocco Rosso, è al Parco. »

« E allora mi racconti un'altra storia di Fiocco Rosso? »

« Te la racconto mentre andiamo a casa. »

« No, raccontamela qui, poi ti giuro che andiamo a casa. »

« Va bene, però ricordati che hai giurato! Dunque, devi sapere che una volta Fiocco Rosso capitò in un'isola bellissima... »

« Era Ischia? »

« No, era un'isola abitata da soli uccelli, dove si viveva molto bene perché c'era da mangiare in abbondanza e perché non c'erano cacciatori. L'unica cosa che non si poteva fare era andarsene via. La regina dell'isola era una grande aquila reale che aveva al suo servizio cento falchi. Questi falchi montavano la guardia, giorno e notte, appollaiati su montagne altissime e, ogni volta che qualche uccello cercava di scappare, gli piombavano addosso e lo ammazzavano senza pietà. »

« Ma perché gli uccelli volevano scappare se c'era da mangiare in abbondanza? »

« Perché nella vita il mangiare non è tutto e qualche volta si sente anche il bisogno di volarsene via. Comunque un giorno gli uccelli dell'isola decisero di ribellarsi. A organizzare la rivolta ci pensarono i corvi: alcuni di loro finsero di voler scappare e, non appena i falchi si alzarono in volo per punirli, tutti gli altri uccelli intervennero e ammazzarono i falchi. Anche l'aquila reale, una volta rimasta sola, fu costretta a scapparsene via. »

« E allora l'isola divenne ancora più bella? »

« Sì, per un po' di tempo ci fu una certa serenità: i corvi avevano fondato la Repubblica degli Uccelli e tutti erano contenti che non ci fosse più un solo uccello a comandare sugli altri. »

« E Fiocco Rosso? »

« Fiocco Rosso rimase in quell'isola ancora per un anno, poi decise di andar via, sennonché, ogni volta che cercava di allontanarsi, c'era sempre qualcuno che lo convinceva a sacrificarsi per il "bene collettivo" e a rimandare la partenza. Fiocco Rosso allora si accorse che anche dalla Repubblica degli Uccelli non era possibile andarsene via. Sì, qualche uccellino aveva cercato di farlo, ma poi, giunto a un chilometro dalla spiaggia, una voce misteriosa lo aveva convinto a tornare indietro. »

« Di chi era questa voce misteriosa? » chiese Chicca.

« Aspetta, sta' a sentire la fine della storia. Una notte Fiocco Rosso scavò un buco profondo nell'albero dove dormivano i corvi e, scavando scavando, riuscì ad arrivare fino al punto dove i corvi si riunivano per decidere del bene del popolo. Qui sentì dire cose incredibili: i corvi avevano poteri magici e avevano costruito intorno all'isola una grande gabbia, tutta fatta di parole! »

« Una gabbia di parole?! Zio, come si fa a fare una gabbia con le parole? »

« Te l'ho detto: i corvi avevano poteri magici. Avevano preso le parole dal vocabolario e, intrecciandole fra loro, erano riusciti a circondare il paese con una rete invisibile. Quando un uccello si avvicinava alle sbarre della gabbia, le parole più vicine diventavano udibili e convincevano l'uccello a tornare indietro. Se cercava, ad esempio, di scappare verso est, le sbarre gli dicevano: "Ma dove vai? Ma che fai? Sei impazzito? Lo sai che qui sull'isola hai una carriera davanti, lo sai che chi lascia la strada vecchia per la nuova, sa quello che perde e non sa quello che trova?". Ecco: quello era il lato dei proverbi. Se invece si dirigeva verso ovest, allora le voci gli dicevano: "Vergognati, sei un egoista! Pensi solo a te, il tuo dovere è sacrificarti per gli altri!" e quello era il lato della morale. »

« Zio Cardellino, che cosa è la morale? »

« È una cosa molto bella che però, certe volte, può far diventare molto cattivi. Ma torniamo a Fiocco Rosso che avevamo lasciato, solo soletto, nascosto in un buco dell'albero dei corvi. Restando lì, il nostro uccellino venne a conoscenza di un gran segreto: c'era un punto, un punto soltanto, dove i corvi non erano riusciti a intrecciare tra loro due parole difficili. Per trovare questo punto, e scappare, era necessario volare la mattina presto, quando il sole era ancora basso sull'orizzonte. E così Fiocco Rosso, il giorno dopo, all'alba, si mise a volare nella direzione del sole e qui, tra le parole "libertà" e "fantasia", riuscì a trovare un piccolo buco e a scappare. »

« È molto bella questa storia. Adesso metto un momentino la barca nella vasca e poi andiamo via. »

« No, Chicca, ricordati che mi avevi promesso che saremmo andati via subito dopo la storia. »

« Due minuti soltanto, zio Cardellino » disse Chicca e, senza aspettare alcun consenso, si precipitò a mettere la barca in acqua.

Proprio in quel momento, alzando lo sguardo, Luca riconobbe una delle mamme del sabato precedente, quella che aveva chiamato l'agente di Pubblica Sicurezza: era insieme ad altre due donne e chiaramente stavano parlando di lui.

Luca si sentì gelare il sangue nelle vene, si alzò di scatto e, quasi gridando, disse:

« Chicca, Chiccaaa! Andiamo via, andiamo via subito! »

« Un momento, un momento solo » rispose Chicca.

Luca si avviò verso l'uscita, ma le donne lo seguirono; Luca gridò ancora il nome di Chicca, disperatamente, poi, voltandosi, si accorse che una delle signore si era staccata dal gruppo ed era andata a reclutare altre mamme. Una lo indicava con il braccio teso, come a dire: eccolo lì il mostro, quello che dà fastidio alle nostre bambine. A questo punto non capì più niente: prima affrettò il passo, poi si mise a correre e infine, visto un albero con i rami alquanto bassi, vi salì sopra e, quasi d'istinto, cercò di arrampicarsi il più in alto possibile. Man mano che saliva il suo animo si tranquillizzava. Anche il cuore adesso non gli batteva più come prima. Sì, quello era il posto ideale per lui. Salì ancora di qualche ramo, poi mise un piede in fallo, e cadde.

XVII

La prima cosa che avvertì fu un intenso dolore al braccio sinistro, poi un sudorino freddo alle tempie e poi ancora l'odore del terreno bagnato che gli aveva imbrattato il viso. Alzò lo sguardo e vide, stagliate contro il cielo, le teste di un gruppo di persone che lo stavano guardando. Qualcuno disse: « Potrebbe essersi rotto qualcosa, che nessuno lo tocchi. Forse è meglio chiamare il 113 ».

Luca allora si rialzò da solo e a tutti quelli che gli chiedevano come stava rispondeva meccanicamente « bene bene », mentre invece non si sentiva bene per niente: il braccio sinistro, in particolar modo, gli faceva un male del diavolo e, come se non bastasse, anche la spalla di tanto in tanto si faceva sentire con delle fitte improvvise. Vuoi vedere, pensò, che veramente mi sono rotto qualcosa?! Tutto a un tratto si ricordò di Chicca.

« Chicca, Chiccaaa... »

« Chi è Chicca? »

« La mia nipotina, una bambina di sei anni. »

« Una bambina bruna, con le treccine? »

« No bionda, ha una barca a vela. »

« Non si preoccupi, gliela cerchiamo noi. Lei si sieda qui su questa panchina. »

« No, grazie, debbo cercarla io. Chicca, Chiccaaa... »

La folla intorno a lui si faceva sempre più fitta ed era

quasi impossibile scorgere una bambina piccola tra tante persone. Luca chiamò ancora un paio di volte Chicca finché la sua voce non fu coperta dal suono di una banda. Si voltò e, tra un tripudio di folla, vide avanzare di nuovo la processione di San Giorgio. Il Santo, portato a spalla da una decina di giovanotti incappucciati, procedeva ondeggiando come un ubriaco. Dall'alto dei balconi scendeva giù un pioggia di fiori. San Giorgio con una mano brandiva una croce d'argento e con l'altra, diretta verso il basso, una spada insanguinata. Sotto, ai suoi piedi, un enorme drago verde si contorceva guardando il Santo con occhi pieni di terrore. Luca ebbe pietà del drago, raccolse un fiore per terra e glielo lanciò tra le zampe. Adesso il braccio non gli faceva più male, anzi, come spesso capita a chi ha un dolore che cessa all'improvviso, sentì un diffuso benessere, quasi un tepore, sia al braccio sia alla spalla. Il problema era trovare Chicca. Chissà dove era finita correndo dietro la banda. È così facile perdersi nelle feste popolari, lui ne sapeva qualcosa. Luca cercò di risalire la processione per raggiungere la testa del corteo, ma ben presto si rese conto dell'inutilità dei suoi sforzi: la folla si faceva sempre più compatta e, per quanto gridasse e chiedesse permesso, nessuno lo stava a sentire. A un tratto vide sulla destra un terrazzino con tante persone affacciate.

« Signora, mi scusi, » chiese a una di loro « vede per caso una bambina di sei anni, bionda, con una barca a vela in mano? »

« No, non la vedo » rispose la donna. « Però, se vuole, può venire lei stesso a vedere. Salga su: il portoncino è quello lì, al numero 20, primo piano, prima porta a destra. »

Luca non se lo fece dire due volte: in un baleno salì la rampa di scale e dopo un attimo era già sul terrazzino che guardava su e giù per la strada: di Chicca nemmeno l'ombra. Quando ecco, tra la folla, Simonetta.

« Simonetta! » gridò Luca, e la voce gli si strozzò nella gola.

« L'ha trovata? » chiese la signora.

« Sì, sì, l'ho trovata! » rispose Luca al colmo della felicità, e si precipitò di nuovo per strada. Qui la gente era aumentata ancora di numero. Due file di chierichetti proteggevano lateralmente la processione, tenendo un lungo cordone di velluto rosso, in modo da impedire a chiunque di attraversare il corteo. Al centro, tra le due file di ragazzini, procedevano solenni il vescovo e il suo seguito di preti.

« Simonetta, sono qua, sono io, sono Luca. »

Simonetta, dall'altra parte della strada, lo salutò sorridendo e gli gridò qualcosa. Purtroppo la musica della banda era troppo forte perché lui potesse sentire. Luca aspettò con ansia che passassero le due file di chierichetti, dopo di che si lanciò come un pazzo tra la folla che seguiva il corteo. Come Dio volle, tra grida, sballottamenti e spintoni, riuscì ad arrivare sull'altro marciapiede. Simonetta era lì, a pochi metri da lui, con il vestito celeste a quadrettini che appariva e spariva tra la fiumana di gente in movimento: bella come allora, bella come sempre! Incurante delle proteste di quelli che aveva spintonato, Luca la raggiunse e rimase lì, fermo davanti a lei, senza sapere che fare.

« Simonetta, come stai? »

Lei disse qualcosa, ma Luca non riuscì a capire quello che diceva. A un certo punto, con il cuore che gli saltellava nel petto, tese una mano e le carezzò la fronte: fu una carezza leggera, così leggera che non avvertì sotto le dita alcun contatto reale.

« Oh Simonetta, » sospirò Luca « com'è dolce carezzare il tuo viso! Lo sai che cos'è una carezza? È sentire l'amore che ti passa dolcemente attraverso la mano. »

Proprio in quel momento la ragazza sparì: un branco di persone urlanti era passato tra loro e li aveva divisi.

« Simonetta! »

Niente da fare: Luca si alzò sulla punta dei piedi, guardò da ogni parte, corse in ogni direzione, ma non riuscì a vedere Simonetta. Sparita, volata via!

« Simonetta, Simonetta » mormorò ancora Luca e questa volta senza nessuna speranza.

Stava per tornare sui suoi passi, quando gli sembrò di vedere una macchia celeste svoltare dietro l'angolo di una casa. Si lanciò subito dietro quell'immagine: ancora spinte, urtoni, grida, proteste. Ed eccolo arrivare in una piazza dove migliaia e migliaia di persone erano tutte ferme, immobili, come in attesa di chissà che cosa.

« Permesso » disse Luca. « Permesso, la prego mi faccia passare. »

« Ma dove va lei? » gli chiese sgarbatamente un vecchio.

« Mi scusi, ma ho perso una persona tra la folla. »

« E allora faccia la fila come la fanno gli altri, » disse il vecchio « che qui tutti abbiamo perso qualcuno. »

« Come sarebbe a dire la fila? »

« Caro signore, cosa crede che stiamo facendo qui? Eh? Si metta l'animo in pace, faccia la fila come la fanno gli altri e quando sarà arrivato allo sportello per le persone smarrite potrà chiedere tutte le informazioni che vuole. »

Durante l'attesa gli capitò di ascoltare storie incredibili: un uomo che aveva perso solo metà della donna che amava, uno che chiedeva di trovare se stesso, un altro che si lamentava di aver perso la moglie e, subito dietro di lui, proprio la moglie che diceva di aver perso il marito. Insomma cose da pazzi. Quando arrivò il suo turno, l'impiegato dietro lo sportello gli chiese con voce assente:

« Nome e cognome? »

« Luca Perrella. »

L'impiegato, sempre restando seduto sulla sua sedia a

rotelle, si staccò dal banco e prese un grosso volume rilegato sul cui dorso si leggeva: LOR-LUC.

« Luca Pellico, Luca Penna, Luca Perani, Luca Percuoco... Luca Perrella, eccolo qui. »

A vederlo, quel libro sembrava l'elenco telefonico.

« Nome della persona smarrita? »

« Simonetta. »

« Com'è, bella? »

« Sì, bellissima. »

« Bella o bellissima? Sia preciso! »

« Bellissima. »

« Capelli neri e vestito celeste a quadrettini? »

« Sì, è proprio lei. »

« Scala F piano attico, avanti un altro. »

Scala F piano attico. Doveva essere la casa dove abitava Simonetta. Luca si guardò intorno e si accorse che quasi tutti, dopo aver fatto la fila, entravano in un edificio posto al centro della piazza. Non sapendo dove andare, si avviò anche lui in quella direzione. Vide un usciere in divisa.

« Scusi, mi sa dire dov'è la scala F? »

« Ma perché, lei ha perso qualcuno nella F? » gli rispose l'usciere guardandolo con una certa curiosità.

« Sì, nella F. »

« È l'ultima scala a destra, in fondo al cortile. »

Chissà cosa aveva voluto dire con quel « lei ha perso qualcuno nella F? ».

A ogni buon conto Luca prese l'ascensore e salì all'attico così come gli era stato detto di fare. Giunto sul ballatoio, non trovò nessuna porta d'ingresso, ma solo un lungo corridoio sul cui fondo s'intravedeva una scala in salita, fortemente illuminata. Forse Simonetta abitava ancora più su. Luca cominciò a salire e, man mano che procedeva, si vide investito da una luce sempre più accecante.

« Ciao Luca, come stai? »

Guardò avanti e vide, in alto sulla scala, in un controluce violentissimo, la figura di un vecchio. In un primo momento non lo riconobbe, poi il candore della barba e soprattutto i capelli argentati di luce gli fecero tornare in mente i ricordi d'infanzia. Sì, era proprio lui: il Signore degli Uccelli!

« E allora, Luca, chi hai perso stavolta? »

« Simonetta, una ragazza dai capelli neri e... »

« Sì, la conosco: so chi è Simonetta. È da tanto che l'hai persa, perché non sei venuto prima? »

« Perché non sapevo dove... »

« E adesso lo sai. Vieni che ti porto da lei. »

Con sua grande sorpresa, Luca si accorse di non essere arrivato su un terrazzo, bensì in una specie di terrapieno tutto circondato da pareti a picco: qualcosa come l'interno del cratere di un vulcano spento. Luca alzò lo sguardo e vide migliaia e migliaia di uccelli volteggiare sulla sua testa.

« Dove siamo? »

« Questo noi lo chiamiamo "il vulcano degli uccelli". »

« E Simonetta dov'è? »

« Abita lassù, proprio in cima al cratere. La vedi quella casetta bianca? »

Luca guardò il punto indicato dal Signore degli Uccelli e riuscì a vedere solo l'orlo del cratere semicoperto da un leggero strato di nuvole.

« Veramente, non è che veda molto bene. »

« Eh, sì, lo so: oggi c'è qualche nuvola di troppo. »

« E come si fa ad arrivare lassù? »

« Ci si arriva volando. »

« Volando?! Ma io non so... »

« Certo, dovrai prima imparare: tutti possono volare se lo desiderano molto. »

« Ah sì, io lo desidero, lo desidero molto! »

« E io sono qua per questo » disse sorridendo il Signore

degli Uccelli. « T'insegnerò le regole fondamentali e tu comincerai a volare senza nemmeno accorgertene. Dunque, vediamo un po': come prima cosa, mostrami tutto quello che hai addosso. »

Luca cominciò a vuotare le tasche e, man mano che tirava fuori qualcosa, la porgeva al Signore degli Uccelli.

« Ecco: questo è un fazzoletto, questa è la patente... »

« Butta via la patente! Chi desidera volare non deve possedere un'automobile. »

« Qui ho le chiavi di casa... »

« Via anche le chiavi. Gli uccelli non hanno mai chiuso a chiave i loro nidi. »

« Questa è una piccola riproduzione su rame di un dipinto del Botticelli. »

« Fa' vedere » disse il Signore degli Uccelli guardando con attenzione la figurina ritratta. « Sai che ti dico: il viso di questa ragazza rassomiglia molto a Simonetta. Portala con te, chissà che non ti aiuti a volare. »

« Ho il portafoglio con i soldi. »

« Quanti soldi ci sono? »

Luca cominciò a contarli; giunto a trentamila lire, il Signore degli Uccelli gli fermò la mano.

« Basta così, tutto il resto buttalo via. »

« Perché trentamila? Perché non buttar via tutto? »

« Perché il denaro, quando non è molto, merita rispetto. Diventa sporco man mano che aumenta. Diecimila lire pesano pochissimo, venti solo un pochino di più, trenta rappresentano il limite massimo oltre al quale è impossibile volare. Superate le trentamila lire, ogni biglietto da dieci pesa tanto, ma tanto, che nessuno riuscirebbe a sollevarsi nemmeno di un centimetro. »

« E il libretto degli assegni? »

« Per amor di Dio! È come avere una palla di ferro intorno alle caviglie. »

« Non ho più niente. »

« Togliti le scarpe e i calzini. Per riuscire ad avere la prima spinta, è necessario che il tuo piede sia a diretto contatto con il terreno. »

Luca obbedì e strofinò con forza i piedi nudi per terra, provando un intenso piacere nel sentire le zolle umide e farinose sgretolarsi sotto le dita dei piedi.

« Sono pronto. »

« Non ho ancora finito: togliti la cravatta. »

« La cravatta? »

« Subito dopo il denaro, la cravatta è il più grosso ostacolo per un uomo che desidera volare. Tu devi sapere, caro Luca, che io ho un nemico personale, un nemico che si chiama: il Signore dei Vermi. Questo essere terribile vive nelle viscere della terra e ha come massima aspirazione che tutti gli uomini striscino sulla terra come vermi schifosi! Per ottenere il suo scopo, un giorno escogitò un sortilegio ai danni di tutta l'umanità: inventò la cravatta. Con questo trucco legò il collo di centinaia e centinaia di milioni di persone e impedì loro qualsiasi speranza di volo. Tra l'altro, con la complicità di molti capi d'azienda, è riuscito a imporne l'obbligo in molte zone della Terra. »

« Sì, è proprio così: alla IBM se non porti la cravatta ti fanno sempre delle storie. »

« A te la cravatta può sembrare un innocuo pezzo di stoffa che arriva sì e no sulla pancia. Niente affatto: le cravatte hanno un prolungamento invisibile che arriva fino al centro della Terra dov'è il Signore dei Vermi che così tiene al guinzaglio milioni d'impiegati. »

« Dio mio! » esclamò Luca guardandosi la punta della cravatta.

« Un uomo, in giacca e cravatta, può pure credersi libero di fare quello che vuole, può andare a cinema, può andare a ballare e così via, ma non potrà mai volarsene via. Il Signore dei Vermi è laggiù di vedetta, pronto a dare uno strattone al minimo cenno di rivolta. Adesso però non farmi perdere altro tempo: dammi una mano e cominciamo a volare. »

Luca buttò via la cravatta reggimentale a fasce rosse e blu che Elisabetta gli aveva regalato a Natale e, chiudendo gli occhi, tese la mano al Signore degli Uccelli...

...sentì subito le dita del dottore che gli tastavano il polso. Poi delle voci:

« Non si preoccupi signora, sta già meglio. Si tratta solo di un lieve choc e di una frattura al braccio sinistro. Trenta, quaranta giorni al massimo e tutto tornerà come prima. »

XVIII

« Lei è il professor Pellegrini? Sì? Buongiorno professore, io sono la moglie di Luca. »

« Pellegrini, molto lieto. »

« Come sta? »

« Bene, grazie, e lei? »

« Come vuole che stia, professore » rispose Elisabetta sospirando. « Lei sa quello che è capitato al povero Luca; a proposito, grazie per essere venuto: è stato veramente molto affettuoso. »

« Ma s'immagini, signora: avevo due giorni di vacanza e per me è stato un piacere venire a fare una visita a Luca. »

« No, no, lei è stato molto ma molto affettuoso. Quando per telefono le ho precisato le condizioni di Luca, non c'è stato bisogno di aggiungerle altro: subito mi ha detto "sabato mattina sarò a Milano alle nove". »

« Dov'è Luca? »

« È in camera sua, adesso l'accompagno. Però, professore, mi perdoni, vorrei prima parlarle in privato. Se vuole accomodarsi... »

« Prego: sono a sua completa disposizione. »

Il professore si accomodò su una poltrona del salotto, ed Elisabetta, dopo un paio di tentativi di offrirgli un caffè, gli si sedette di fronte.

« Professore... Luca non sta bene... non sta bene per niente... » disse Elisabetta, e si mise a piangere.

« Su, signora, non faccia così! Vedrà che Luca ricomincerà a parlare non appena si sarà ripreso dallo choc. »

« Non è solo per il fatto che non parla, professore. Io ho paura che mio marito sia... ho paura che mio marito sia diventato pazzo e che... » e di nuovo non riuscì a terminare la frase.

« Si fa presto a dire "pazzo"; » la consolò il professore « mi creda, signora, non c'è concetto più discutibile di questo. Io ne so qualcosa. *Aut insanit homo, aut versus facit*, diceva Orazio: quell'uomo o è un pazzo o è un poeta! Ora il nostro Luca è solo caduto da un albero, ha battuto la testa e adesso bisogna aspettare che... »

« Sì, lo so, ma questo è successo tre mesi fa, professore mio, tre mesi fa, capisce? E da allora non c'è stato il minimo progresso, anzi... Ma lei lo sa che ieri abbiamo dovuto mettere le grate alla finestra e che le abbiamo chiuse con un lucchetto? »

« Col tempo si riprenderà. E mi dica, signora, con l'ufficio come siete rimasti? »

« Appunto di questo le volevo parlare. Lei si rende conto che se la IBM viene a sapere in quali condizioni si trova Luca, trascorsi i dodici mesi previsti dalla legge, può procedere con il licenziamento. Ora mio cognato, che in queste cose è abilissimo, è riuscito a fare un accordo con la IBM, secondo il quale mio marito presenta volontariamente le dimissioni e l'azienda gli commissiona una consulenza fittizia per sessanta milioni di lire, oltre, ovviamente, la liquidazione che gli spetta di legge. E Dio sa se abbiamo bisogno di questi soldi! Non le dico quello che c'è voluto per convincerlo a firmare la lettera di dimissioni! Franco ha dovuto fargliela firmare quasi con la forza. Ora, come le ho detto per telefono, sono quasi tre mesi che mio marito non parla. Sì, qualche volta, quando è allegro fischietta, ma anche questo lo fa raramente. Però, in compenso, quando desidera qualcosa di particolare, prende carta e penna e scrive. Oggi, per esempio, mi ha scritto di comprargli un pennello e un barattolo di vernice verde. Credo che voglia dipingere un albero sulla parete. Sa, noi lo lasciamo fare: poveretto, almeno facendo qualcosa si distrae. »

« Vuol dipingere un albero: mi fa piacere! »

« Come vede, » continuò Elisabetta « non è che non parli per una questione di principio, è proprio che non ci riesce. Noi all'inizio pensavamo che fossero i postumi del trauma cranico, poi ci siamo dovuti rassegnare. Il dottore ha detto: è un fatto neurologico, può passare così come è venuto, da un momento all'altro. »

« Lo vede? Che le dicevo io! E, mi dica, le dimissioni le ha già presentate? »

« Sì, e lunedì dovrebbe andare a ritirare l'assegno di sessanta milioni oltre ai sessantaquattro della liquidazione. Però, mentre la liquidazione gli verrà accreditata direttamente in banca, per l'assegno fuori busta, quello di sessanta milioni, il suo ex direttore, l'ingegner Livarotti, ha detto che ha ricevuto l'ordine di consegnarli direttamente nelle mani della persona. Capisce professore: direttamente nelle mani della persona! »

« D'accordo, però dal momento che Luca è ancora convalescente, questo ingegner Livarotti potrebbe pure scomodarsi a venire lui qui, a casa vostra. »

« Sì, è quello che ha proposto mio cognato, sennonché adesso abbiamo paura del comportamento di Luca. »

« Via, non esageriamo, cosa vuole che faccia? »

« Non si sa mai. Potrebbe succedere di tutto. Come prima cosa, sarebbe capace di scrivere un bigliettino a Livarotti per dire che non è stato lui a firmare la lettera di dimissioni. Poi, potrebbe pure aggredirlo. »

« No, questo no, Luca è tanto una brava persona! »

« Lei non sa quanto è cambiato. Franco, per esempio, dopo il fatto della lettera di dimissioni, non può più mettere piede nella stanza. L'unica che riesce a farlo stare calmo è Chicca, la mia nipotina. »

« E io cosa dovrei fare? »

« Professore, la scongiuro, non mi dica di no. Luca a lei vuole un bene dell'anima. Dopo il viaggio che fece a Roma, mi parlava sempre di questo professore e di com'era simpatico questo professore. »

« Grazie signora, ma io... »

« Lei ha l'hobby del giardinaggio, è vero? »

« Beh, non proprio. »

« Ecco, vede, questo fatto del giardinaggio io lo so perché me lo ha raccontato Luca dopo quella volta che venne a Roma. Ebbene professore, le chiedo solo questo: resti nostro ospite a Milano fino a lunedì mattina. Il tempo strettamente necessario per stargli vicino quando verrà Livarotti con l'assegno. Poi, non si preoccupi, sarà cura di mio cognato prenotarle il primo aereo in partenza per Roma. La prego professore, non mi dica di no. »

« Sì, però la scuola... »

« Ma si tratta di un giorno, di un giorno solo. Cosa vuole che sia un giorno d'assenza. Lo faccia per il suo amico. »

« Va bene, va bene. Adesso però andiamo da Luca. »

Elisabetta s'incamminò per il corridoio seguita dal professore; giunta davanti a una porta, esitò un attimo, imbarazzata nei confronti dell'ospite: la stanza di Luca era chiusa a chiave dall'esterno.

« Non ci giudichi male, professore, se lo facciamo è solo perché gli vogliamo bene. »

Per prima entrò Elisabetta.

« Luca, guarda chi c'è, guarda chi t'è venuto a trovare: il professor Pellegrini. » Il tono di voce era quello cantilenante che si usa in genere con i bambini.

Luca stava seduto su una sedia a dondolo di fronte alla

finestra; girò lentamente il viso e, non appena scorse l'amico, si alzò di scatto per andargli incontro. Anche il professore si precipitò verso di lui, abbracciandolo.

« Carissimo dottore, come sta? Che piacere rivederla! »

Per un attimo Elisabetta ebbe la speranza che Luca stesse per parlare. Ci fu, da parte sua, almeno un tentativo di farlo: aprì la bocca, poi la richiuse e infine strinse le labbra per il dispiacere di non esserci riuscito.

« Vi lascio soli » disse Elisabetta. « Chissà quante cose avete da dirvi! »

Luca prese una sedia e la pose di fronte alla sua, poi, non appena vide il professore seduto, con la mano aperta gli indicò la grata di ferro alla finestra.

« E va bene! Cosa vuole che sia questa inferriatina, dottore! La prenda come un segno d'affetto, mi creda. Sua moglie le vuole bene e si preoccupa per lei, questo è tutto. »

Luca lo guardò intensamente negli occhi.

« Lei dottore con me non si deve preoccupare se non le riesce di parlare. Non si dimentichi che io riesco a parlare anche con gli alberi. E poi, sa che le dico? Che ho sempre pensato alla parola non come a un dono del Signore, ma come a un limite posto alle nostre possibilità espressive. *Verba ligant homines, taurorum cornua funes.* Le parole legano gli uomini come le funi legano le corna dei tori. È come quando uno cerca con un disegno di ritrarre il viso di una persona: ne viene fuori sempre qualcosa di diverso. Così capita alle parole quando pretendono di trasmettere i sentimenti. Molto meglio lo sguardo, l'espressione del viso o il contatto della mano. »

Luca prese una mano del professore e gliela strinse con forza.

« Vuoi che ti dia del tu? »

« *Ciù ciù cùì.* »

« Come vedi, possiamo fare a meno delle parole. Le parole sono indispensabili solo quando si tratta di dire cose molto semplici: è logico che per ordinare un piatto di spaghetti sia preferibile la parola. Quando però devi partecipare un sentimento, allora sono guai: hai bisogno di un mezzo più adeguato. Diceva Gibran: "lascia che la voce della tua voce parli all'orecchio del tuo orecchio". I nostri vocabolari sono troppo approssimativi per riuscire a descrivere gli stati d'animo. Se vuoi comunicare a una donna un sentimento, che le dici? Ti amo, mi piaci, ti voglio bene, ti adoro, quattro, cinque, al massimo sei espressioni, peraltro consumate dall'abitudine, per mille diversi modi di amare. Come fai a dirle, con un unico verbo: "cara, ti amo tanto che ogni volta che ti vedo mi dimentico di respirare"? Tu forse non ci credi, ma anch'io una volta sono stato innamorato. »

« *Ciù ciù ciù ciù... cui cui... cuìììì.* »

« Si chiamava Antonietta e studiava canto al Conservatorio. Antonietta! In pratica m'innamorai di lei ancora prima di conoscerla. Be', certo quelli erano altri tempi: Frosinone, le passeggiate da corso della Repubblica a viale Manzoni, gli amici, la presentazione, le frasi convenzionali. Quando finalmente riuscii a stare cinque minuti solo con lei, non le dissi niente; ma che avrei potuto dire? Quali erano le parole giuste per definire il mio amore? Magari ci sarei riuscito meglio con i numeri, sì, con i numeri! Avrei potuto dirle: anima mia, la prima volta che ti ho visto 75, poi il giorno dopo 92 e poi ancora 104. Una notte, mentre ero a letto e non avevo voglia di dormire, mi sono sorpreso a pensarti 184, il giorno dopo ti ho visto per strada 261 e poi ci siamo parlati 340, 386, 462, 625, vorrei darti un bacio 890, 1433 e così di seguito fino all'infinito. »

« *Fiuffiù fiuffiù fì fì fì fìììì.* »

« Ci fidanzammo di nascosto: i suoi non volevano. Un

giorno litigammo; io ebbi il mio primo incarico a Santa Maria Capua Vetere e così ci perdemmo di vista. Qualche anno dopo seppi che aveva sposato un grossista di alimentari. »

Entrò Elisabetta.

« Ecco, vi ho preparato due belle aranciate. Prenda. professore, prenda... ci vuole lo zucchero? »

« No, grazie, senza zucchero. »

« Come va professore? Come lo trova? Lo vede quante preoccupazioni ci dà questo Luca? »

« Signora, è lei che si vuole preoccupare! Luca è perfettamente normale. »

Fu allora che Luca sciolse la cravatta del professor Pellegrini e gliela buttò giù dalla finestra.

XIX

« Sarà Livarotti » disse Elisabetta, sentendo il campanello della porta d'ingresso. « Lo faccio entrare direttamente da Luca? »

« No, per carità! » rispose Franco, assumendo la direzione tattica delle operazioni. « Digli che Luca si sta preparando e fallo accomodare in salotto. L'importante è capire se ha portato o no l'assegno dei sessanta milioni. Solo se tutto è in ordine gli facciamo vedere Luca. »

Si sentirono i rumori delle due serrature che proteggevano casa Caraccioli e, subito dopo, la voce di Elisabetta:

« Oh, caro ingegnere, grazie di essere venuto. Venga, venga, lei già conosce mio cognato, vero? Ecco: questa è mia sorella, la moglie di Franco... l'ingegner Livarotti della IBM... il professor Pellegrini, un amico di Luca... l'ingegner Livarotti. Il professore è venuto da Roma a trovare Luca. Si accomodi, ingegnere. »

« E il caro dottor Perrella dov'è? »

« Viene subito, si sta preparando, intanto lei si accomodi su questa poltrona » disse Franco. « Ingegnere, noi ci scusiamo di averla fatta venire fin qui, ma capirà: per Luca queste dimissioni sono state un trauma e, essendo ancora convalescente, abbiamo ritenuto opportuno evitargli di rivedere il suo ambiente di lavoro. Ci sono momenti di sensibilità più acuta in cui è preferibile... »

« Avete fatto benissimo » si affrettò a dire Livarotti a cui un eventuale ritorno di Luca in ufficio, anche solo occasionale, avrebbe creato qualche problema.

« Ma lo sa lei » continuò Franco, più gioviale che mai « che Luca queste dimissioni non le voleva proprio dare? Io non ho mai visto un attaccamento così forte alla propria ditta. Ma che ci fate voi ai vostri dipendenti per farvi volere così bene? Non può immaginare quanto abbiamo dovuto penare per convincere mio cognato. Diceva sempre: io adesso guarisco e torno a lavorare. »

« Sì, però poi si è convinto? » chiese Livarotti quasi temendo che ci fosse stato un ripensamento.

« Certo che si è convinto » lo tranquillizzò Franco. « La lettera di dimissioni gliel'ho consegnata proprio io, non se ne ricorda? »

« Sì, sì che me ne ricordo. Ma adesso il dottor Perrella come sta? »

« Dipende dai giorni. Questa mattina, per esempio, ha deciso di non parlare. Sissignore, ha detto che vuole fare lo sciopero del silenzio contro queste dimissioni che, secondo lui, non avrebbe dovuto mai dare. »

« E che invece ha fatto benissimo a dare! » esclamò Livarotti. « Piuttosto desidererei vederlo. Come le ho detto per telefono, per regolarità, ho l'obbligo di consegnare l'assegno direttamente nelle mani dell'interessato. »

« Ma senz'altro, adesso lo vedrà subito » lo rassicurò Franco. « Lei ha portato l'assegno? »

« Sì, eccolo qui: sessanta milioni, come d'accordo. »

« Elisabetta! » gridò Franco alla cognata, quasi rimproverandola. « Ma tu hai avvisato Luca che c'è qui l'ingegner Livarotti? Su, vallo a chiamare, ché l'ingegnere ha fretta. »

Franco e Livarotti continuarono a parlare fra loro di ipotetici affari mentre il professore, sempre più a disagio in una conversazione per lui incomprensibile, si estraniò mettendosi a pensare alla scuola: proprio adesso sta per cominciare la mia ora in terza B, chissà chi hanno mandato come supplente? Speriamo che il preside non abbia chiamato quel deficiente di Peruzzi (uno che gli era antipatico perché una volta aveva detto ai « suoi » alunni che Catullo era un poeta da letteratura rosa). Improvvisamente, sotto l'arco della porta, comparve Elisabetta che, in lacrime, fece segni disperati al cognato perché la raggiungesse nel corridoio.

« Mi scusi un attimo, ingegnere, torno subito » disse Franco alzandosi di scatto. « La lascio in compagnia del professore. »

Appena fuori del salotto, Elisabetta lo trascinò per il corridoio.

« Ma che diavolo sta succedendo, per Dio?! » imprecò Franco e, per quanto sottovoce, l'esclamazione fu sentita anche in salotto.

Elisabetta non rispose: aprì lentamente la porta della stanza di Luca e si fece da parte. Davanti agli occhi allibiti di Franco apparve questa scena: tutte le pareti erano state dipinte a righe verdi verticali in modo da far rassomigliare la stanza a una gigantesca gabbia. Al centro Luca, vestito con una tuta bianca aderente e con la giacca del tight di quando si era sposato, dondolava su una rudimentale altalena fissata al soffitto al posto del lampadario. Dietro di lui Chicca, contentissima di giocare con zio Cardellino, gli dava di tanto in tanto una spintarella.

« Porca la miseria puttana! » gridò Franco.

« Zitto, ché fuori ti sentono » lo supplicò Elisabetta piagnucolando.

« Ma tu guarda questo mascalzone! » continuò Franco più imbestialito che mai. « Lo capisci che finge? Ti rendi conto che è tutta una mascherata che ha preparato apposta per noi questa mattina?! »

« Stai calmo Franco, stai calmo. »

« E no che non sto calmo: io me ne vado, io vi mando tutti affanculo! Ecco quello che faccio. Io non ne posso più e spero che moriate di fame per tutta la vita, perché è giusto che sia così: ve lo meritate, per Dio! »

« Franco, non fare così » lo scongiurò di nuovo Elisabetta. « Fallo per me se non mi vuoi vedere morire. Va' da Livarotti, intrattienilo con delle chiacchiere e mandami qua il professore. »

Franco se ne andò sbattendo la porta e, poco dopo, si sentì la voce del professore che chiedeva permesso.

« La prego, professore, entri: mi aiuti a convincere Luca a vestirsi. Guardi come si è combinato! Tu Chicca va' in camera tua, ché con te facciamo i conti dopo. »

« Che bello! » esclamò il professore guardando estasiato la stanza dipinta da Luca. « L'ha fatta benissimo! Senta signora, non crede lei che il soffitto a volta incrociata renda ancora di più l'idea della gabbia? »

« Professore, ma che fa? » lo rimproverò Elisabetta. « Adesso me lo incoraggia pure? »

« No, però dobbiamo ammettere che Luca ha saputo vivacizzare la stanza » rispose il professore, mettendosi a dare qualche spinta all'altalena.

Trascorse più di mezz'ora: Franco e Livarotti erano sempre in salotto e, ormai, non sapevano più che dirsi. Da parte di Franco ci fu anche un mezzo tentativo per farsi consegnare l'assegno su delega del cognato, ma su questo punto Livarotti fu irremovibile: l'assegno doveva essere consegnato nelle mani della persona interessata! Finalmente, ecco apparire Luca, vestito di tutto punto come quando andava in IBM: col principe di Galles ma senza cravatta.

« E allora dottore, come va? » lo salutò Livarotti andandogli incontro. « La vedo bene, veramente molto bene. »

« *Crì crì criccrìì... cruccrì crucrìì.* »

« Eccolo lì col suo cinguettio » disse Livarotti ridendo. « Ma sa che le dico? Che me lo aspettavo. Adesso però questo non è più un problema della IBM. Cinguetti, cinguetti pure quanto vuole, tanto nessuno le può dire più niente! Eh, caro Perrella, lei non può nemmeno immaginare quanto mi ha fatto soffrire con questo suo fischiettino! »

« *Fiù fiù fiuffì fìì.* »

« Ha detto che gli dispiace » tradusse il professore.

« Ecco qua, » disse Livarotti prendendo Luca per un braccio e trascinandolo accanto a un tavolo da gioco per farlo firmare « questo è l'assegno di sessanta milioni che le dovevo dare e questa è la ricevuta provvisoria che lei mi deve firmare in attesa di una regolare fattura. »

Com'era prevedibile, Luca si rifiutò di firmare: prese la ricevuta tra l'indice e il pollice, come se fosse stata una carta lorda di chissacché, e la lasciò cadere per terra.

« Luca! » gridò Elisabetta con voce ferma e decisa. « Per favore, firma e non fare tante storie. Ricordati che l'ingegnere è stato tanto gentile a venire lui qui, a casa nostra, proprio per risparmiare a te ogni strapazzo. »

Luca fece finta di non sentire.

Franco prese la ricevuta da terra, gli ficcò la penna tra le dita e cercò di costringere Luca a firmare, mettendo la propria mano sulla sua. Evidentemente, anche la lettera di dimissioni era stata firmata in quel modo. A questo punto Livarotti ebbe un vero lampo di genio.

« Chiedo scusa, ma vorrei poter andare un attimo alla toilette. »

« Prego, ingegnere, venga con me » gli rispose subito Elisabetta.

Al suo ritorno la ricevuta era stata firmata e faceva bella mostra di sé al centro del tavolo da gioco. Livarotti la prese e la ripose nel portafoglio senza dare molta importanza alla qualità della firma, quindi, accompagnando il gesto con un ampio sorriso, consegnò l'assegno nelle mani di Luca.

« Ecco a lei Perrella e, mi raccomando, si riguardi. »

Saluti, convenevoli, ipocriti inviti sul tipo di: « ci venga a trovare » e poi tutti, tranne Luca, accompagnarono Livarotti alla porta d'ingresso.

« Se Dio vuole ce l'abbiamo fatta! » sospirò Elisabetta. « Luca, dammi l'assegno. »

Luca non si mosse.

« Luca, dammi l'assegno, ché tu lo perdi. »

Luca rimase impassibile come prima.

Gli svuotarono le tasche, lo perquisirono, lo spogliarono, ma l'assegno non saltò fuori.

A questo punto guardarono dappertutto: nei mobili, sotto i tappeti, nell'elenco telefonico, sotto i cuscini del divano, nelle coppette di vetro del lampadario e in qualsiasi altro posto dove sarebbe stato possibile nascondere un rettangolino di carta color rosa su cui era stampata la magica cifra di sessanta milioni. Franco prese pure una scaletta per poter guardare sul trumeau olandese, orgoglio e vanto del salotto Caraccioli. Niente da fare: quel maledetto assegno si era volatilizzato!

Nel frattempo successe di tutto: crisi isterica e successivo svenimento di Elisabetta, urla bestiali e trivialità varie di Franco che ogni cinque minuti minacciava di uccidere il cognato, pianto di Chicca che nel trambusto rimediava uno schiaffo dalla mamma, suppliche del professore che insisteva nel voler tornare a Roma alla sua scuola; e il tutto sotto lo sguardo assente di Luca che, ridotto in mutande dalle perquisizioni, si era andato a sdraiare sul divano.

Franco, temendo che l'assegno fosse stato buttato giù dalla finestra e subito raccolto da qualche malintenzionato, si precipitò alla IBM per convincere Livarotti a bloccare l'assegno presso la banca di emissione e a rifarlo di nuovo. Tutti gli altri, distrutti dalle ricerche infruttuose, rimasero a casa in attesa del suo ritorno.

Dopo circa mezz'ora, arrivò invece il giovane Vittorio che, vedendo Luca in mutande, la mamma e la zia sconvolte dalla fatica e uno sconosciuto, il professor Pellegrini, che si aggirava lamentandosi tra i resti del salotto buono, esclamò:

« Che sta succedendo qui? Un'orgia? Un esproprio proletario? Un po' di casino? Be', qualunque cosa sia mi fa piacere: vuol dire che in questa casa si comincia a vivere! »

Il professor Pellegrini lo guardò appena: i suoi pensieri erano altrove. Attese ancora una decina di minuti, dopo di che si sedette accanto a Luca mettendogli in mano un foglietto e una penna.

« Luca, per favore, dimmi dove hai messo l'assegno. Ti prego, fallo per me: io debbo tornare a Roma. »

Luca gli sorrise e scrisse: « L'ho buttato via, era una palla al piede ».

XX

La storia dell'assegno circolare fu lunga e dolorosa: la banca si rifiutò di bloccare l'assegno senza che prima fosse stata presentata una regolare denunzia di smarrimento alle autorità competenti. Franco, resosi conto che non sarebbe riuscito a trascinare Luca in un commissariato, decise di presentare la denunzia a suo nome, come se fosse stato lui a perdere l'assegno mentre lo portava dall'ufficio di Livarotti a casa. Questo verbale indispose terribilmente Livarotti, in quanto che da esso risultava che, contrariamente agli ordini ricevuti, egli non aveva consegnato l'assegno direttamente nelle mani dell'interessato, bensì al signor Franco Del Sorbo. La IBM ITALIA, a sua volta, senza il consenso del Direttore responsabile, ovvero di Livarotti, si rifiutava di emettere un secondo assegno, anche se il primo era stato bloccato dalla banca e, infine, Livarotti non firmava un bel niente finché Franco non avesse ritrattato il suo verbale in questura. Insomma, un guazzabuglio tremendo. Tutto si risolse per incanto quando l'inquilino dell'appartamento di fronte trovò, tra le piantine di gerani del suo terrazzo, un assegno circolare modellato a forma di freccia.

Incassare l'assegno fu un'impresa altrettanto laboriosa: in pratica Luca si rifiutava di toccare l'assegno con le mani. Poi un giorno, come Dio volle, dopo un ennesimo sve-

144

nimento della povera Elisabetta, si decise a collaborare e, accompagnato da tutta la famiglia, si recò in banca dove tramutò sia i sessanta milioni dell'assegno che la liquidazione in BOT al portatore. Rendita mensile: un milione e seicentomila lire esentasse; più o meno quanto prendeva come direttore di Staff alla IBM ITALIA.

Dopo quest'atto di disponibilità verso i suoi, Luca accentuò ancora di più il suo distacco dal mondo. Uniche eccezioni: le visite giornaliere di Chicca e la corrispondenza del professore.

Chicca aveva preso l'abitudine di andare a giocare e a studiare nella camera dello zio, cosa in un primo momento vista con una certa preoccupazione da Maricò, poi invece incoraggiata da tutti. Zio e nipote, in effetti, se ne stavano tranquilli per i fatti loro e, in un certo senso, si facevano compagnia. Chicca raccontava tutto quello che le capitava a scuola, i suoi colloqui con Maurizio, i dispetti delle amiche, e Luca l'ascoltava con la massima attenzione senza mai interrompere. Dal giorno della visita di Livarotti, nessuno lo aveva sentito più cinguettare. Il suo comportamento era quello di un prigioniero muto: stava quasi sempre sdraiato sul letto, leggeva fumetti, dipingeva qualcosa con gli acquarelli, ascoltava la radio e la televisione. La stanza non era chiusa a chiave dall'esterno e lui ne usciva solo per andare in bagno o in cucina, senza mai rivolgere uno sguardo alle persone di famiglia.

Per quanto riguardava la corrispondenza del professor Pellegrini, le lettere venivano lette attentamente e riposte con cura in una scatola di scarpe sulla quale aveva dipinto un bosco di alberi rosa. A quelle lettere non rispose mai. A mantenere in vita la corrispondenza con il professore ci pensava Elisabetta che provvedeva a ringraziarlo e a tenerlo informato sulla salute del marito.

Un giorno un medico psicoanalista, amico della contessa Marangoni, venne a trovare Luca e trascorse con lui un intero pomeriggio guardandolo dormire. Alla fine della visita, l'illustre clinico sentenziò che il soggetto non sarebbe mai guarito finché la famiglia lo avesse tenuto nascosto in una stanza.

« Cara signora, » spiegò lo psicoanalista a Elisabetta « suo marito, in pratica, si è parzialmente suicidato: ha ucciso in sé la socievolezza. Oggi, superata la fase acuta, si trova con gli stessi problemi di un bambino al suo primo anno di vita. Per inserirlo nel "reale" è necessario far leva sui principali meccanismi motori dell'infanzia: la curiosità, l'imitazione e l'impulso sessuale. Che fare? Innanzitutto predisporre gli stimoli necessari alla ripresa e quindi, vi piaccia o no, portarlo di nuovo in mezzo alla gente, anche a costo di andare incontro a qualche spiacevole incidente. »

Stando così le cose, si decise di organizzare una serata d'inserimento nel « reale » in occasione delle imminenti feste natalizie. La contessa Marangoni prese in mano le redini dell'operazione e invitò tutti i suoi amici nobili a partecipare. Come prima cosa, fu predisposta una lista d'interventi che ciascuno degli invitati, a turno, avrebbe dovuto fare per intrattenere Luca con argomenti utili e stimolanti, poi, per non correre il rischio d'irritare il paziente, si pensò di non invitare il barone Candiani, e infine, sempre per garantire la massima efficienza alla iniziativa, furono invitati lo psicoanalista, amico della Marangoni, e un primario neurologo cugino del generale Castagna.

Malgrado la meticolosa preparazione, Elisabetta non era affatto tranquilla: e se Luca quella sera si fosse rifiutato di entrare in salotto?

Si decise allora di abituarlo gradualmente ad abbandonare la stanza e a camminare per casa. Una volta con la scusa che bisognava ripulire la camera da cima a fondo, un'altra volta mettendogli il televisore fuori uso, un'altra ancora facendolo convincere da Chicca, si riuscì a tenerlo in giro per casa per sette giorni di seguito.

Luca aderì docilmente a qualsiasi tipo di invito e così fece anche durante la festa: si mise seduto su una poltrona e se ne stette buono buono immerso nei suoi pensieri, come se tutto quello che avveniva in casa non lo riguardasse affatto. Inchini, baciamani, scambi di regali, fette di panettone e brindisi, la festa gli ruotava intorno e lui se la guardava con lo stesso distacco di chi sta vedendo in TV uno di quei film che ha già visto e che solo per pigrizia accetta di subire di nuovo. Ogni tanto qualcuno gli si sedeva accanto e attaccava bottone, mettendosi a parlare di argomenti quasi sempre poco interessanti e comunque lontani migliaia di anni luce dai suoi interessi.

Una principessa, o qualcosa del genere, lo ragguagliò su tutti i trucchi praticati nei concorsi di bellezza dei cani per mascherare i difetti degli *yorkshire terrier,* da come utilizzare al meglio la lunghezza del pelo a come modificare la posizione degli orecchi. La principessa aveva con sé due di questi terribili animali, i quali, non appena videro Luca seduto accanto alla loro padrona, gli mostrarono i denti ringhiando.

Poi fu il turno di un ufficiale di marina, forse un ammiraglio in pensione, un uomo alto, segaligno, con i capelli grigi. Costui svolse il tema della « sostanziale differenza tra la disciplina militare in marina e sotto l'esercito ».

« Egregio dottore, in marina il senso della responsabilità funzionale predomina su quello puramente gerarchico; questo, mi creda, è il principio base per capire cosa significa "stare in marina". Mi spiego meglio: mentre nell'esercito il merito o il demerito di una operazione risale la linea gerarchica fino a raggiungere il più alto grado presente nel territorio, in marina la responsabilità cade esclusivamente sull'addetto alla funzione. Facciamo qualche esempio: se sul ponte di comando è presente l'ufficiale di rotta

147

e non è presente il comandante della nave, che, supponiamo, in quel momento si trova negli alloggi ufficiali, chi è responsabile della rotta? Non lo sa? Glielo dico io: l'ufficiale di rotta. E se sul ponte di comando si trovano contemporaneamente sia il comandante della nave sia l'ufficiale di rotta, chi è responsabile? Glielo dico sempre io: il comandante della nave. E se per caso su quella nave è salito in visita l'ammiraglio comandante la flotta e sul ponte di comando si trovano: l'ammiraglio, il comandante della nave e l'ufficiale di rotta, chi è il responsabile della rotta? Glielo dico sempre io: l'ammiraglio comandante della flotta. »

L'anziano ufficiale dopo ciascuna domanda era solito attendere qualche secondo come per dare a Luca la possibilità di rispondere, dopo di che, trionfante, enunciava la giusta risposta.

Lo psicoanalista invece tentò di stabilire un contatto che subito si rivelò infruttuoso.

Il tema scelto fu la mania, diffusissima tra i bambini, di rinchiudersi nelle scatole di cartone. Evocando il desiderio di un ritorno alla tranquillità fetale e la tendenza all'isolamento, egli intendeva offrire alla psiche dell'ascoltatore due vivaci stimoli di riflessione. Sempre nell'intento d'indagare su eventuali atteggiamenti prenatali, lo psicoanalista chiese a Luca di mostrargli in quale posizione era solito addormentarsi. La richiesta rimase inevasa.

A vivacizzare la discussione intervenne la contessa Marangoni che, forte delle sue esperienze politiche, spostò la conversazione sulle Brigate Rosse. Il terrorismo, secondo la nobildonna, era il risultato logico del degrado morale della nazione, a partire dai giornaletti pornografici fino all'atteggiamento lassista nei confronti della droga. L'Italia, disse la Marangoni, poteva essere salvata solo da appositi tribunali militari che la ripulissero da estremisti e gente di malaffare.

« Come prima cosa bisognerebbe requisire, come parco penitenziario, un'isola qualsiasi, purché lontana dalle coste italiane. Non so, per esempio Lampedusa o Ustica. Qui verrebbero paracadutati tutti i ladri, gli scippatori e i truffatori, insomma tutti quei delinquenti che non si sono macchiati di sangue umano. Per gli altri, invece, per gli assassini, i terroristi e i sequestratori di persone, nessuna pietà: pum, pum, pum, tutti al muro un minuto dopo la cattura, così almeno ci togliamo il pensiero. Cinque anni di legge marziale e il Paese tornerebbe a vivere come si viveva una volta! »

« A chi lo dice, contessa, a chi lo dice! » intervenne il generale Castagna. « Io sono stato giudice militare sul fronte greco nell'ultima guerra: presidente del tribunale era il generale Valentino Valentini, cugino per parte di madre di donna Letizia Calvi di Sanfilippo. Lei, dottor Perella, ha mai conosciuto il generale Valentini? Un cacciatore eccezionale! Una volta eravamo insieme nella riserva di caccia di Persano, nei pressi di Eboli, al seguito di Sua Maestà Vittorio Emanuele III. C'era una battuta di caccia al cinghiale e avevamo i fucili caricati a pallettoni. Improvvisamente, davanti ai nostri occhi, si alza in volo un fagiano. Pum, pum, due colpi e l'animale cadde ai piedi del Re. Valentino Valentini, più svelto dei cani, prese l'uccello e lo porse a Sua Altezza, dicendo: "Maestà, così muoiano tutti i suoi nemici!". »

Luca, udita la rievocazione dell'exploit venatorio del generale Valentini, si alzò di scatto e cercò di allontanarsi dal gruppo. Aveva fatto però i conti senza il generale che, nei ricordi di caccia, era famoso per non aver mai mollato la presa: fu bloccato per un braccio.

« Essendo stato colpito da un pallettone per la caccia al cinghiale, il fagiano aveva il petto squarciato in due parti. Allora Sua Maestà prese la preda e disse... »

Luca si piegò in due, come se fosse stato lui ad avere

il petto squarciato. Scostò con uno strattone il generale e si gettò di schianto dietro al divano del salotto. Alzò pian piano la testa e vide che tutti gli invitati avevano un fucile puntato contro di lui. Lentamente cercò di spostarsi verso la porta per cercare di raggiungere la sua stanza, ma, proprio in quella direzione, la Marangoni gli sbarrava il passo con un intero plotone di esecuzione.

« Plotone: caricat... puntat... Fuoco!! » gridò la contessa guardandolo duramente negli occhi.

Luca fece appena in tempo ad abbassare la testa che la scarica passò radente lo schienale del divano.

« Tutti al muro, tutti al muro! » continuò a gridare come un'ossessa la terribile Marangoni.

La situazione era disperata: gli *yorkshire terrier*, eccitati dal trambusto, si avventarono contro di lui. Non c'era niente da fare: lo avevano stanato. Il cuore gli batteva così forte che sembrava volesse scoppiare. Con tutte le forze che gli erano rimaste, Luca cercò di arrivare fino alla porta del salotto, ma purtroppo proprio quando credeva di avercela fatta, un'ultima fucilata del generale Castagna lo colpì alla schiena facendolo stramazzare al suolo, ai piedi della moglie.

XXI

Quello che era successo durante il ricevimento natalizio
tolse a Elisabetta ogni residua speranza di guarigione. Ora-
mai tutti parlavano apertamente di follia o, quanto meno,
di mania depressiva, e più di una persona consigliò le sorelle Caraccioli di far ricoverare il povero Luca in una
clinica specializzata.

« Io mi rendo conto come questi discorsi facciano soffrire Elisabetta, » disse Franco « ma mi dite chi si assume
la responsabilità di non farlo ricoverare? E se domani Luca fa male a qualcuno o, peggio ancora, si ammazza? Che
facciamo noi? »

« Proviamo a tenerlo ancora tre mesi in casa; » propose
Maricò « se ci accorgiamo che non ci sono migliora-
menti... »

« Guardiamo in faccia la realtà, signori miei » continuò
Franco. « Sì, d'accordo, siamo tutti animati dalla massima
buona volontà, ma resta il fatto che non siamo esperti
in malattie mentali e che potremmo sbagliare proprio per
troppo amore nei suoi confronti. »

Il professore Anselmi, esperto in Araldica e Regole Cavalleresche, durante una cena consumata in casa Caraccioli, raccontò che nel '700 si era verificato un analogo pro-
cesso d'identificazione in un volatile (un pollo per la cro-
naca) da parte del duca Guidobaldo della Portella; e forse,

notò il professore, non era un caso se esisteva una certa assonanza tra il nome del ducato, la Portella, e il cognome di Luca. Chissà che, studiando i testi, non si potesse tracciare una linea diretta di discendenza tra il duca Guidobaldo della Portella e il dottor Perrella?

« Professore, mi faccia una cortesia: non dica puttanate! » fu lo scarno commento di Franco che, da un po' di tempo, aveva perso tutto il suo *savoir faire* nei confronti degli amici nobili di Maricò.

Chiuso nella stanza a righe verdi, Luca continuava a vivere nel più assoluto mutismo. Man mano che passavano i giorni, si accentuava sempre di più in lui il distacco dal resto del mondo. Rifiutò la radio, la televisione e, per quanti libri gli procurassero, nessuno lo vide mai leggere qualcosa. La sera, quando faceva scuro, restava al buio sdraiato sul letto e con gli occhi aperti. Che cosa pensasse non fu mai possibile saperlo.

La soluzione « casa di cura » prese sempre maggiore consistenza, finché un giorno, grazie all'interessamento della contessa Marangoni, ci si orientò per la Villa dei Pini a Cesate, un paese a pochi chilometri da Milano. La clinica apparteneva da sempre ai Sassoferrato, una famiglia « distintissima » molto amica dei Marangoni. Luca avrebbe avuto un'assistenza di prim'ordine e sarebbe stato curato dai migliori specialisti. La retta, tutto sommato, era anche abbastanza contenuta: si aggirava sul milione e due al mese, spese mediche a parte.

Un sabato mattina, Elisabetta, Franco e la contessa Marangoni si recarono per un sopralluogo alla Villa dei Pini. La giornata era fredda ma priva di nebbia. L'aspetto esterno della villa piacque moltissimo alle signore che non persero l'occasione per fare raffronti con ville di amici del Veneto e della Campania. Il direttore (una persona squisita secondo una definizione della Marangoni) tenne a evidenziare come ogni particolare fosse stato studiato affinché la

Villa risultasse più un luogo di riposo per persone sole che non una casa di cura: niente camici bianchi per dottori e infermieri, niente odori di medicine e, soprattutto, niente sbarre, cancellate e altre simili diavolerie.

« Il paziente » spiegò il direttore « deve sentirsi a casa sua: una casa comoda, ricca di spazi verdi e di tutti i comforts moderni. Ovviamente abbiamo alcuni malati più gravi, ma un ingegnoso sistema di compartimenti mobili, di mia invenzione, consente anche a loro di usufruire dei servizi comuni senza mai venire a contatto con quelli degli altri settori. »

« Ho capito; » disse Del Sorbo « fate i turni al ristorante: fate mangiare prima i più furiosi e poi quelli così così. »

« Andiamo a visitare il parco » propose il direttore.

A onor del vero i giardini della Villa dei Pini erano tenuti benissimo. Molti alberi, ovviamente pini, bei viali e, di tanto in tanto, qualche fontanella. Elisabetta notò, non senza una certa preoccupazione, che c'erano degli alberi altissimi dove Luca si sarebbe potuto arrampicare con molta facilità.

« Questo è il gazebo » disse il direttore, mostrando una costruzione liberty situata al centro di un vasto prato all'inglese. « Qui, durante la buona stagione, diamo concerti di musica sinfonica molto apprezzati sia dai pensionanti sia dai loro familiari. »

Nel ritornare alla Villa, incontrarono lungo i viali una vecchietta bianca e minuta che camminava a passo spedito.

« Ecco la signora Ruini » comunicò a bassa voce il direttore. « Come vedete i nostri pazienti godono della più assoluta libertà. »

La vecchietta, appena vide il gruppo venirle incontro, si fermò ad aspettare a un incrocio del viale.

« Buongiorno signora Ruini » disse il direttore con tono molto cordiale. « Mi permette di presentarle alcuni amici venuti da Milano? La contessa Marangoni... la signora

Perrella.. e il dottor... mi scusi, ma mi sfugge il suo cognome... »

« Del Sorbo. »

« Piacere, » disse la signora Ruini « siete venuti a visitare la nostra villa? »

« Sì, » rispose con entusiasmo la contessa Marangoni « e dobbiamo dire che è veramente stupenda! »

« Lei è una contessa? » chiese la vecchietta.

« Sì, ma sa, al giorno d'oggi, chi vuole che ci tenga più a queste cose » si schermì pudicamente la Marangoni.

« Mi permetta una domanda, contessa: è lei che deve venire a vivere in questa villa? » chiese ancora la Ruini.

« No, non sono io » rispose la contessa dopo un cenno d'intesa con Elisabetta, un ammiccamento che voleva dire: "attenti a rispondere, ché questa è pazza". « Si tratta del marito della mia amica: il dottor Perrella. »

« E allora perché non avete portato con voi questo dottor Perrella, se poi è proprio lui che deve venirci a vivere? »

« La signora Ruini fa sempre tante domande » intervenne bruscamente il direttore. « Sapete da quanti anni questa signora è con noi? Da sei anni! »

« Da sei anni e cinque mesi » confermò la Ruini. « I miei andarono in ferie all'estero e mi lasciarono qui. »

« Ha figli? » domandò Elisabetta, a cui la vecchietta non sembrava affatto malata di mente.

« No, ho solo alcune persone che fingono di essere miei figli, così come io fingo di essere la loro madre. Vengono a trovarmi il primo sabato di ogni mese: mi abbracciano, mi baciano e guardano l'orologio. È strano come le persone sane di mente non si rendano conto di quanto sia indelicato guardare l'orologio. »

« Signora Ruini! » la sgridò il direttore. « Lei è ingiusta quando dice queste cose! Lo sa che i suoi figlioli mi telefonano ogni giorno per sapere lei come sta? »

« E lei come fa a sapere come sto se non mi vede mai? »

La conversazione con la signora Ruini diventava sempre più difficile; il direttore decise di troncarla e di portare gli ospiti a vedere la sala ristorante. Anche qui tutto bello, tutto in ordine.

Subito dopo visitarono la stanza di Luca e la prenotarono per il 7 gennaio.

« Facciamogli fare la Befana con noi, » disse Franco a Elisabetta « e poi lo portiamo alla Villa dei Pini. »

La mattina del 7 gennaio, Elisabetta si alzò molto presto per preparare con comodo le valigie; poi, alle dieci in punto, accompagnata da Franco e da Maricò, andò a comunicare la notizia a Luca.

Seduta per terra, davanti alla porta chiusa a chiave, c'era Chicca, in attesa di poter entrare dallo zio. Elisabetta fu la prima a varcare la soglia e subito si accorse che Luca non era più nella stanza: la finestra era aperta e così pure la grata di ferro. Il lucchetto era spezzato. Tutti i grandi si precipitarono alla finestra per guardare giù nella strada. Solo Chicca, alzando lo sguardo verso il cielo, ebbe l'impressione di vedere un uccello volare lentamente, proprio nella direzione del sole.

Follett, Il Codice Rebecca

Follett, L'uomo di Pietroburgo

Ludlum, Il treno di Salonicco

Cruz Smith, Gorky Park

Krantz, La figlia di Mistral

Forsyth, Il giorno dello sciacallo

Follett, Triplo

Follett, La cruna dell'Ago

Tacconi, La verità perduta

Fruttero & Lucentini, Il palio delle contrade morte

Follett, Sulle ali delle aquile

Forsyth, Il Quarto Protocollo

De Crescenzo, Così parlò Bellavista

Forsyth, L'alternativa del diavolo

Robbins, Ricordi di un altro giorno

Forsyth, Dossier Odessa

Lapierre - Collins, Il quinto cavaliere

Forsyth, I mastini della guerra

Bevilacqua, Il Curioso delle donne

Fruttero & Lucentini, A che punto è la notte

Agnelli, Vestivamo alla marinara

Lapierre - Collins, «Parigi brucia?»

Lapierre - Collins, Gerusalemme! Gerusalemme!

Tacconi, Lo schiavo Hanis

De Crescenzo, Storia della filosofia greca. I presocratici

De Crescenzo, Storia della filosofia greca. Da Socrate in poi

Lapierre - Collins, Alle cinque della sera

Bevilacqua, La Donna delle Meraviglie

Krantz, Conquisterò Manhattan

Fruttero & Lucentini, L'amante senza fissa dimora

Follett, Un letto di leoni

Lapierre - Collins, Stanotte la libertà

Pilcher, I cercatori di conchiglie

Russo, Uomo di rispetto

Manfredi, Lo scudo di Talos

Harris T., Il silenzio degli innocenti

Le Carré, La spia perfetta

De Crescenzo, Oi dialogoi

Bevilacqua, Una città in amore

Follett, Lo scandalo Modigliani

Asimov, Fondazione e Terra

Asimov, I robot dell'alba

Asimov, Abissi d'acciaio

Asimov, Il club dei Vedovi Neri

Pasini, La qualità dei sentimenti

McBain, Mary Mary

Forattini, Bossic Instinct

Gibson - Sterling, La macchina della realtà

Angela, La straordinaria storia della vita sulla Terra

Della Pena, Stupidario giuridico

Wood, Vergini del Paradiso

Gibson, Giù nel Ciberspazio

Dolto, Il desiderio femminile

Vespa, Telecamera con vista

Angela, La straordinaria storia dell'uomo

Tacconi, Il pittore del Faraone

Forattini, Il mascalzone

Brooks, Il ciclo di Shannara

Venè, Mille lire al mese

Monduzzi, Manuale per difendersi dalla mamma

Asimov, Azazel

Mafai, Pane nero

Asimov, Lucky Starr e gli oceani di Venere

Asimov, Il libro di biologia

Asimov, Lucky Starr e il grande sole di Mercurio

Gies, Si chiamava Anna Frank

Bonelli - Galleppini, Tex l'implacabile

Asimov, I robot e l'Impero

Rea, Ninfa plebea

Olivieri, Hotel Mozart

Pasini, Il cibo e l'amore

Forsyth, Il pugno di Dio

Follett, Una fortuna pericolosa

Nolitta - Ferri, Zagor contro il Vampiro

Masini, Le battaglie che cambiarono il mondo

Pilcher, Le bianche dune della Cornovaglia

Sclavi - Castelli, Dylan Dog & Martin Mystère

Asimov, Il libro di fisica

Irving, Göring, il maresciallo del Reich

Sclavi, Tutti i mostri di Dylan Dog

Asimov, Le correnti dello spazio

Asimov, Neanche gli Dèi

Asimov, L'altra faccia della spirale

Buscaglia, Nati per amare

Ka-Tzetnik 135633, La casa delle bambole

Loy, Sogni d'inverno

Zecchi, Sillabario del nuovo millennio

Grisham, L'appello

Zimmer Bradley (a cura di), Storie fantastiche di spade e magia (vol. I)

Castellaneta, Le donne di una vita

Resca - Stefanato, Il ritorno del maiale

Sgorlon, Il regno dell'uomo

McBain, Kiss

Asimov, Tutti i racconti (vol. II, parte I)

Asimov, Tutti i racconti (vol. II, parte II)

Rendell, La morte non sa leggere

«Zio Cardellino»
di Luciano De Crescenzo
Bestsellers Oscar Mondadori
Arnoldo Mondadori Editore

Questo volume è stato stampato
presso Mondadori Printing S.p.A.
Stabilimento NSM - Cles (TN)
Stampato in Italia - Printed in Italy